新能源汽车市场扩散机制研究

叶绮文　冯　博◎著

清华大学出版社
北　京

本书封面贴有清华大学出版社防伪标签，无标签者不得销售。

版权所有，侵权必究。举报：010-62782989，beiqinquan@tup.tsinghua.edu.cn。

图书在版编目(CIP)数据

新能源汽车市场扩散机制研究 / 叶绮文，冯博著．
北京：清华大学出版社, 2024.12. -- (清华汇智文库).
ISBN 978-7-302-67786-4

Ⅰ. F724.76

中国国家版本馆 CIP 数据核字第 20245HD094 号

责任编辑：吴　雷
封面设计：汉风唐韵
责任校对：王荣静
责任印制：杨　艳

出版发行：清华大学出版社
　　　　网　　址：https://www.tup.com.cn，https://www.wqxuetang.com
　　　　地　　址：北京清华大学学研大厦 A 座　邮　　编：100084
　　　　社 总 机：010-83470000　　　　　　　邮　　购：010-62786544
　　　　投稿与读者服务：010-62776969，c-service@tup.tsinghua.edu.cn
　　　　质 量 反 馈：010-62772015，zhiliang@tup.tsinghua.edu.cn
印 装 者：天津鑫丰华印务有限公司
经　　销：全国新华书店
开　　本：170mm×240mm　　印　张：12.75　　字　数：231 千字
版　　次：2024 年 12 月第 1 版　　　　　　　印　次：2024 年 12 月第 1 次印刷
定　　价：129.00 元

产品编号：107528-01

序 言

在全球能源格局重塑和环境可持续发展成为主旋律的时代背景下,新能源汽车产业的崛起不仅代表着一场技术革命,更是人类应对气候变化、推动绿色转型的关键举措。作为全球最大的汽车市场,中国在新能源汽车领域的探索和实践,不仅关乎国家能源安全和环境治理,更是实现从"汽车大国"到"汽车强国"跨越的战略支点。然而,新能源汽车市场的扩散是一个复杂的系统工程,涉及技术创新、政策引导、消费者行为等多维度因素的交互作用。如何破解这一复杂系统的运行机制,推动新能源汽车市场的有效扩散,是摆在学界和业界面前的一个重大命题。

《新能源汽车市场扩散机制研究》这部著作的出版,恰逢其时。本书不仅构建了新能源汽车市场扩散的理论框架,更融合了丰富的仿真与实证分析,为企业战略制定和政策优化提供了科学依据。作为该领域的研究者,我深知理论创新与实践指导相结合的重要性,而这本书在这一方面作出了卓越贡献。

本书的学术价值和前沿性主要体现在以下几个方面:

首先,作者开展了对新能源汽车市场扩散机制的多方法论综合解析。通过整合技术采纳理论、创新扩散理论等经典框架,并引入系统动力学、模糊逻辑、情景实验和基于模糊集的定性比较分析等前沿方法,构建了一个多层次、多角度的研究范式。这种方法论的创新不仅丰富了我们对新能源汽车市场扩散机制的认知,也为后续研究提供了新的分析工具和思路。

其次,本书特别关注了新能源汽车市场扩散过程的动态性和复杂性。作者通过系统动力学模型,揭示了影响因素之间的非线性关系和循环反馈机制,这种动态的复杂系统视角,为我们理解新能源汽车市场扩散的内在逻辑提供了新的解释维度。

再次,本书在理论创新方面着重探讨了群体交互行为与政策环境的综合影响。例如,基于顾客模糊感知、社交效用、网络外部性分析了政策因素对市场扩散的影响机制。再如,分析了在特定的政策环境中,如何通过提升产品的社交效用来促进口碑传播，如何根据市场结构与顾客群体的交互行为进行精准市场细分等。这些都是本书的独特贡献，这些研究发现不仅填补了现有文献的缺口，更为企业制定市场策略提供了切实可行的指导。

最后，本书的研究成果具有显著的政策指导意义。通过对政策环境与市场扩散之间关系的深入分析，为政府制定更加精准和有效的产业政策提供了科学依据，这对于推动新能源汽车产业的健康可持续发展具有重要的现实意义。

我相信，《新能源汽车市场扩散机制研究》的出版将在学术界和产业界引起广泛关注和讨论。它不仅为新能源汽车领域的研究者提供了新的理论视角和分析工具，也为产业实践者指明了市场开拓的有效路径。更重要的是，本书的研究成果将为推动新能源汽车产业的创新发展、实现国家能源安全和环境可持续发展战略目标作出积极贡献。

谨此为序。

申作军

前　言

随着全球能源结构的转型和环境保护意识的提升，新能源汽车的推广与应用已成为不可逆转的趋势。新能源汽车更是我国从汽车大国迈向汽车强国的关键路径。然而，新能源汽车市场的发展并非一帆风顺。尽管国家出台了《节能与新能源汽车产业发展规划（2012—2020年）》等战略规划和相关政策法规，但在私人用车市场，新能源汽车的发展仍面临诸多挑战。市场需求的不确定性、产业链相关企业和个体顾客的观望态度，导致了新能源汽车私人用车领域早期的扩散瓶颈；随着补贴退坡，新能源汽车产业也逐步从政策导向转为市场导向，使得刚突破初期扩散瓶颈问题的新能源汽车又进入了下一个充满未知因素的扩散阶段。因此，深入研究新能源汽车的市场扩散机制，对于推动我国新能源汽车产业的健康持续发展具有重要意义，同时也能为其他汽车市场推广新能源汽车提供理论参考。

市场扩散作为新能源汽车发展的关键环节，不仅引起了政府和企业的广泛关注，也成为运营管理和创新扩散等领域的国际学术前沿议题。例如，*Product and Operations Management* 和 *Manufacturing & Service Operations Management* 等顶级期刊上关于运营管理领域未来研究方向的探讨指出，新能源汽车及其应用将对传统的行业带来颠覆性影响，并成为运营管理领域的研究热点；*MIS Quarterly* 上的研究也指出，随着车联网的扩大，基于智能网联汽车大数据的分析对于商业模式创新和交通管理将产生积极的影响。可见，对于新能源汽车运营管理的未来研究均基于其成功的市场扩散。此外，汽车的电气化、智能网联化促使新能源汽车成为一个多产业融合的产物，其市场扩散将是一个受到市场、产业、政策环境等不同层面因素影响的长周期动态过程。在这个过程中，影响因素之间的多重并发因果关系、采纳主体的互动以及环境与采纳主体之间的信息反馈使得扩散的机制及模式更为复杂，这是已有基于产品视角的技术采纳研究与基于顾客视角的产品扩散研究所无法完全解释的。因此，本书对新能源汽车市场扩散机制的研究在丰富创新扩散理论的同时，也为后续更多产业融合技术的创新扩散提供了理论参考。

本书的主要特色包括：

（1）结合技术采纳研究与创新扩散研究的个体顾客与市场视角，对新能源汽车市场扩散问题进行了从微观到宏观层面的深入探讨。

（2）关注新能源汽车市场扩散过程的动态性以及影响因素之间的多重并发因果关系，为分析其市场扩散的复杂机制提供了新的视角。

（3）考虑了顾客模糊感知、顾客间口碑传播与外部政策干预的影响，为各类影响因素与新能源汽车市场扩散的关系提供了新的解释维度。

（4）采用了多方法结合的研究方式，包括建模（系统动力学）与实证（情景实验法、基于模糊集的定性比较分析方法）方法、定量（系统动力学、模糊逻辑）与定性（基于模糊集的定性比较分析方法）相结合的方法，有助于对新能源汽车扩散系统的复杂机理进行全面深入的分析。

本书由叶绮文博士负责编写框架和拟定提纲，并负责对全书进行统稿和最终定稿。编写工作的具体分工为：叶绮文博士负责撰写第 1 章至第 3 章和结论部分；叶绮文博士和冯博教授共同完成第 4 章至第 7 章以及相关内容与前言部分的撰写。此外，本书获得国家自然科学基金青年科学基金项目（72102079）、国家自然科学基金重点（地区）合作研究项目（72310107001）支持，由华南师范大学经济与管理学院资助出版。

本书在编写过程中参阅了大量国内外相关的文献资料，在此谨对这些值得尊敬的专家和学者表示深深的感谢。鉴于作者水平有限，书中不妥之处在所难免，恳请同行专家、学者及广大读者不吝赐教，提出宝贵意见。

叶绮文　冯　博
2024 年 5 月 21 日

目 录

第1章 绪论 ... 1

1.1 研究背景与研究问题 ... 1
    1.1.1 研究背景 ... 1
    1.1.2 研究问题 ... 12

1.2 研究目标与研究意义 ... 13
    1.2.1 研究目标 ... 13
    1.2.2 研究意义 ... 14

1.3 研究内容、研究思路与研究方法 ... 15
    1.3.1 研究内容 ... 15
    1.3.2 研究思路 ... 16
    1.3.3 研究方法 ... 18

1.4 框架结构 ... 19

1.5 研究创新性说明 ... 20

第2章 文献综述 ... 22

2.1 文献检索情况与学术趋势分析 ... 22

2.2 本书的采纳与扩散理论基础 ... 24
    2.2.1 采纳理论基础 ... 24
    2.2.2 扩散理论基础 ... 27
    2.2.3 技术采纳与技术扩散的关系分析 ... 30

2.3 新能源汽车采纳与扩散的研究方向 ... 30
    2.3.1 采纳行为影响因素研究 ... 30
    2.3.2 不同因素影响下的新能源汽车扩散研究 ... 31

2.4 新能源汽车采纳的影响因素 ... 32
    2.4.1 新能源汽车属性 ... 32

  2.4.2 顾客特征 ··· 35
  2.4.3 政策环境 ··· 38
 2.5 **新能源汽车扩散相关研究** ··· 40
  2.5.1 新能源汽车扩散量化模型研究 ································· 40
  2.5.2 新能源汽车扩散建模仿真研究 ································· 43
 2.6 **文献评述** ·· 47
  2.6.1 已有文献的贡献 ·· 47
  2.6.2 不足之处 ··· 47
 2.7 **本章小结** ·· 49

第3章 新能源汽车市场扩散系统分析 ································· 50

 3.1 **新能源汽车市场扩散的系统框架分析** ····························· 50
  3.1.1 新能源汽车市场扩散系统边界 ································· 51
  3.1.2 新能源汽车市场扩散系统的主体 ····························· 52
  3.1.3 新能源汽车市场扩散系统要素分析 ························· 53
 3.2 **系统模型构建方法** ·· 57
  3.2.1 系统动力学的基本特性分析 ···································· 58
  3.2.2 系统动力学的适用性分析 ·· 59
  3.2.3 系统动力学建模工具 ··· 60
 3.3 **顾客对新能源汽车属性、政策的偏好及采纳态度调查** ······· 60
  3.3.1 情景实验法 ··· 60
  3.3.2 实验目的 ··· 61
  3.3.3 实验被试 ··· 62
  3.3.4 实验设计 ··· 62
  3.3.5 数据分析 ··· 67
 3.4 **本章小结** ·· 69

第4章 考虑顾客模糊感知的新能源汽车市场扩散机制研究 ········ 70

 4.1 **模型构建** ·· 71
  4.1.1 模型框架 ··· 71
  4.1.2 因果关系分析 ··· 74
  4.1.3 总体模型构建 ··· 75

目录

4.2 顾客模糊感知设置 ·· 78
- 4.2.1 模糊逻辑 ·· 78
- 4.2.2 顾客的模糊感知函数 ·· 79

4.3 模型检验 ·· 82
- 4.3.1 模型结构检验 ·· 82
- 4.3.2 基于模型结构的系统行为检验 ··································· 83
- 4.3.3 基于历史数据的系统行为检验 ··································· 89

4.4 模型仿真结果分析 ·· 89
- 4.4.1 基于顾客感知的模型仿真 ··· 90
- 4.4.2 基于新能源汽车属性的模型仿真 ······························· 92

4.5 基于仿真结果分析的管理建议 ······································· 102
4.6 本章小结 ·· 105

第5章 考虑市场结构及顾客交互的新能源汽车市场扩散机制研究 ··· 106

5.1 模型构建 ·· 107
- 5.1.1 模型框架 ··· 107
- 5.1.2 变量的相互作用与因果关系分析 ······························· 108
- 5.1.3 总体模型构建 ·· 109

5.2 模型检验 ·· 113
- 5.2.1 模型结构检验 ·· 113
- 5.2.2 基于模型结构的系统行为检验 ··································· 113
- 5.2.3 基于历史数据的系统行为检验 ··································· 118

5.3 模型仿真结果分析 ·· 118
- 5.3.1 基于市场结构的模型仿真 ··· 119
- 5.3.2 基于顾客采纳异质性的模型仿真 ······························· 124

5.4 基于仿真结果分析的管理建议 ······································· 129
5.5 本章小结 ·· 131

第6章 考虑牌照政策干预的新能源汽车市场扩散机制研究 ············ 133

6.1 模型构建 ·· 134
- 6.1.1 模型框架及因果关系分析 ··· 134
- 6.1.2 总体模型构建 ·· 135

VII

6.2 模型检验 ... 135
6.2.1 模型结构检验 ... 136
6.2.2 基于模型结构的系统行为检验 ... 136
6.2.3 基于历史数据的系统行为检验 ... 142
6.3 模型仿真结果分析 ... 142
6.3.1 关于牌照政策作用的模型仿真 ... 142
6.3.2 关于牌照政策作用机制的模型仿真 ... 145
6.4 基于仿真结果分析的管理建议 ... 154
6.5 本章小结 ... 155

第7章 基于组态分析的新能源汽车市场扩散策略组合研究 ... 156
7.1 基于模糊集的定性比较分析 ... 157
7.1.1 方法及相关概念介绍 ... 157
7.1.2 适用性分析 ... 158
7.2 变量设定与数据校准 ... 159
7.2.1 变量设定 ... 159
7.2.2 案例数据分析与校准 ... 160
7.3 必要条件检验 ... 164
7.4 真值表构建与前因条件组合求解 ... 165
7.5 市场扩散策略组合分析与管理建议 ... 167
7.6 本章小结 ... 169

第8章 结论与展望 ... 171
8.1 本书主要研究工作总结 ... 171
8.2 本书主要研究结论 ... 172
8.3 本书主要贡献 ... 173
8.4 未来研究展望 ... 174

参考文献 ... 176
附录1 实验问卷 ... 192
附录2 第4章系统动力学模型的变量设置 ... 192
附录3 第5章系统动力学模型的变量设置 ... 192
附录4 第6章系统动力学模型的变量设置 ... 192

第1章 绪论

1.1 研究背景与研究问题

1.1.1 研究背景

1. 新能源汽车发展的重要性及其发展前景

截至 2023 年,我国燃油汽车保有量已突破 3 亿辆[①]。伴随燃油汽车保有量高速增长的是日益严重的环境污染与石油资源短缺问题。2022 年,汽车排气排放物中的挥发性有机物、氮氧化物等移动污染源对于空气中 PM2.5 污染物的贡献已达 30%～57%[②];燃油汽车对石油的巨大消耗也迫使我国的石油对外依存度高达 71%,远超 50% 的国际警戒线[③]。新能源汽车凭借其电力驱动的优点,成为缓解上述问题的有效解决方案。美国最大的金融服务机构摩根大通认为,新能源汽车将会迅速普及,并且撼动传统燃油汽车的地位,引领汽车行业的未来。与此同时,汽车领域的技术变革也将为我国产业经济转型升级带来重大机遇。一方面,新能源汽车时代的到来为我国汽车企业提供了一个实现技术跨越、重新抢占市场的空前机会;另一方面,新能源汽车实现了汽车反向电网输电(vehicle-to-grid,V2G)的电网调节模式,成为我国调整能源结构的重要辅助。因此,新能源汽车的发展不仅是汽车行业的技术革新,同时也是关乎国家产业经济发展的重要战略举措。

各国政府为加快新能源汽车的推广普及均投入了大量资金。近十年,美国政府前后投入数千亿美元用于新能源汽车研发及基础设施建设;各州政府亦拨款实施相关推广政策。英国政府也投入了数十亿英镑,用于新能源汽车的技术研发、

---

① 资料来源:中国政府网,https://www.gov.cn/lianbo/bumen/202401/content_6925362.htm。
② 资料来源:《2022 年中国神态环境统计年报》;《中国移动源环境管理年报(2023 年)》。
③ 资料来源:国家统计局公布数据,https://www.stats.gov.cn/xxgk/sjfb/zxfb2020/202301/t20230117_1892128.html。

购车补贴和充电设施建设等方面。作为汽车强国的德国在"欧洲复苏计划"中拨款 500 亿欧元用于建设相关基础设施和实施新能源汽车购车补贴等推广政策。俄罗斯则计划在 2030 年前投资 5 110 亿卢布促进新能源汽车的发展，并每年拨款 650 亿卢布用于自动驾驶等方面的技术研发。亚洲地区，新能源汽车在中日两国受到了政府的极大重视，日本政府斥资数千亿日元用于动力电池技术研发和补贴政策的实施。我国也大力地发展新能源汽车产业，在"863"计划"电动汽车"重大科技专项、《节能与新能源汽车产业发展规划（2012—2020年）》《关于推进"互联网+"智慧能源发展的指导意见》等重要战略规划中明确指出新能源汽车产业的重要战略地位及未来发展方向，为其发展创造了良好的政策环境（见表1-1）。此外，我国也在"十二五"及"十三五"期间前后投入 2 000 亿元人民币用于技术研发、设施配套、激励政策等相关推广工作的开展。

在重大现实需求与各国政府的大力支持下，新能源汽车市场具有巨大的发展空间。随着技术水平的提高，新能源汽车逐渐进入汽车市场并正式投入使用。根据 International Energy Agency（IEA）的报告指出，截至 2022 年全球新能源汽车的渗透率已接近 14%，总销量将在 2025 年超过 2 000 万辆，在 2030 年超过 4 000 万辆[①]。因此，从长远看来，目前新能源汽车市场仍处于发展阶段，后续发展潜力巨大。

表 1-1 我国新能源汽车推广的相关政策规划

年份	政 策 规 划	主 要 内 容
2001	"863"计划"电动汽车"重大科技专项	首次确定了电动汽车在汽车行业发展中的重要战略地位
2005	"863"计划"节能与新能源汽车"重大项目	设立北京、天津、武汉等 6 个新能源汽车示范城市
2006	新消费税政策	早期关于混合动力汽车的税费优惠政策
2007	《新能源汽车生产准入管理规则》	对新能源汽车企业的生产条件、资质制定了具体规则
2009	"十城千辆"工程 国家贷款贴息支持 《关于开展节能与新能源汽车示范推广试点工作的通知（财建〔2009〕6号）》	2009—2011 年，每年在十座城市的公共交通、专用乘用车领域推广 1 000 辆新能源汽车；落实城市、企业层面新能源汽车的财政补贴
2010	《关于开展私人购买新能源汽车补贴试点的通知》	开展个人层面的新能源汽车财政补贴

---

① 资料来源：https://www.iea.org/reports/global-ev-outlook-2023.

续表

年份	政策规划	主要内容
2012	《节能与新能源汽车产业发展规划（2012—2020年）》	投入1 000亿元进行新能源汽车推广，并明确了纯电动汽车在新能源汽车产业中的重要战略地位
2014	《关于加快新能源汽车推广应用的指导意见》 《关于免征新能源汽车车辆购置税的公告》	从基础设施建设、商业模式创新等方面落实具体的新能源汽车推广方案；免除新能源汽车购置税
2015	《国家重点研发计划新能源汽车重点专项实施方案（征求意见稿）》 《汽车动力蓄电池行业规范》 《关于加快电动汽车充电基础设施建设的指导意见》	关注新能源汽车本身及配套技术和设施的发展，计划建立完善的产业链和系统科技体系
	《中国制造2025》	指出纯电动汽车等新能源汽车、智能互联汽车是我国未来重点发展的方向
2016	《关于2016—2020年新能源汽车推广应用财政支持政策的通知》 《关于推进"互联网+"智慧能源发展的指导意见》	进一步落实各类车型的财政补助标准；首次将"互联网+"引入汽车行业发展指导，掀起互联网造车浪潮
	《节能与新能源汽车技术路线图》	给出了节能汽车、纯电动和插电式混合动力汽车、燃料电池汽车、智能网联汽车、汽车制造、动力电池和轻量化的技术路线图，并提出了初步实现汽车产业电动化转型的目标
2017	《汽车产业中长期发展规划》 《国家车联网产业标准体系建设指南（智能网联汽车）（2017）》 《"十三五"节能减排工作方案》	再次强调智能技术与新能源汽车的结合，促进产业转型升级，建设新型产业生态；设立目标，在2020年新能源汽车相关产业成为支柱产业
2018	《2018年能源工作指导意见》	提出对新能源汽车充电设施实行统一标准，并进行建设布局优化，建设智能高效的充电设施体系
	《关于调整完善新能源汽车推广应用财政补贴政策的通知》	进一步调整和完善了新能源汽车的财政补贴方案
2019	《关于进一步完善新能源汽车推广应用财政补贴政策的通知》	降低新能源汽车的补贴标准，通过优胜劣汰推进产业发展，稳定市场
	《关于支持新能源公交车推广应用的通知》	采取"以奖代补"的形式大力支持新能源公交车的运营

续表

年份	政策规划	主要内容
2020	《新能源汽车产业发展规划（2021—2035年）》	提出了2025年与2035年的产业发展远景，深化"三横三纵"研发布局，同时强调了智能化、网联化和轻量化的技术发展方向，着力打造行业的国家战略科技力量
2020	《节能与新能源汽车技术路线图（2.0版）》	进一步确认"低碳化、信息化、智能化"的汽车技术发展方向，提出了六大面向2035年的产业发展目标
2021	《关于加快建立全绿色低碳循环发展经济体系的指导意见》	推广低碳绿色运输工具，建议城市物流配送、机场港口服务、邮政快递等交通运输领域优先使用新能源汽车
2021	《关于进一步加强新能源汽车安全体系建设的指导意见》	进一步加强新能源汽车安全的管理，落实企业责任，推动产业的高质量发展
2021	《2030年前碳达峰行动方案》	推动运输工具的低碳转型，降低燃油汽车产销占比，推动公共交通工具电动化
2022	《关于进一步提升电动汽车充电基础设施服务保障能力的实施意见》	完善新能源汽车与电力市场的调度与交易机制
2022	《开展2022新能源汽车下乡活动》	推动新能源汽车消费和农村绿色出行，助力碳达峰碳中和目标
2023	《关于进一步构建高质量充电基础设施体系的指导意见》	对新能源汽车充电基础设施建设作出具体部署，预期到2030年，基本建成覆盖广泛、规模适度、结构合理、功能完善的高质量充电基础设施体系
2023	《关于延续和优化新能源汽车车辆购置税减免政策的公告》	延长新能源汽车车辆购置税免征措施至2025年，减半征收措施于2026—2027年实行
2023	《国家车联网产业标准体系建设指南（智能网联汽车）（2023版）》《关于开展智能网联汽车准入和上路通行试点工作的通知》《自动驾驶汽车运输安全服务指南（试行）》《智能汽车基础地图标准体系建设指南（2023版）》	2023年密集出台多项与智能网联汽车相关政策，包括标准体系建设、基础设施建设等方面政策

　　为了抢占发展先机，国际上的主要汽车企业都在进行新能源汽车相关的规划与部署。作为汽车领先品牌之一的宝马致力于新能源汽车的研发，推出了FAAR前驱平台与CLAR后驱平台，并计划在2025年之前发布12款纯电动汽车车型，并向客户交付超过200万辆新能源汽车。四大汽车生产商之一的大众集团计划在

2025年前推出80款新能源汽车车型，并加大电动汽车电池的采购金额至500亿欧元。美国的福特汽车则不断追加在汽车电气化方面的投资，计划于2025年年底前投入超过300亿美元的研发资金，争取在2030年实现其新能源汽车销量达到全球销量40%的目标。同样作为国际知名汽车企业的丰田也逐渐将企业发展重心转移到新能源汽车上，其计划在2026年前推出10款电动汽车车型，并实现每年150万辆的销售目标。我国作为全球最大的汽车市场之一，成了新能源汽车发展的主力市场。根据《汽车产业中长期发展规划》，我国计划在2030年将新能源汽车的产销规模提高到1520万辆以上。为响应国家规划并快速占领市场，比亚迪、北汽、上汽、奇瑞、吉利等国内各大汽车企业纷纷开展了新能源汽车的技术研发，其中比亚迪与北汽集团均计划进入新能源汽车市场的全球前三名。目前比亚迪已基本实现新能源汽车原材料、零部件、整车制造、基础设施、汽车服务的全产业链覆盖；上汽集团则在"十三五"期间投入200亿元的新能源汽车专项资金；奇瑞公司则计划到2025年在新能源汽车方面投资超过1 000亿元的研发资金，打造超过300个实验室。除了通过自主技术研发发展新能源汽车业务，江淮汽车、长城汽车等通过与大众、宝马等国外企业进行合作，并设立研究中心以共同推进新能源汽车的发展。此外，国内亦涌现出一股"互联网造车"的新能源汽车新势力，即利用互联网、物联网技术为汽车提供智能和便捷的电子系统，通过信息通信技术让新能源汽车成为物联网中的重要一环。中国的大型互联网（如百度、阿里巴巴、腾讯）、通信企业（如华为），大型的投资机构、产业基金也纷纷涌入这一新兴领域。"蔚来""小鹏""理想汽车"等国内造车新势力已成为目前中国新能源汽车市场的主流品牌。2023年，"蔚来"共交付新能源汽车160 038辆，"小鹏"交付141 601辆，"理想汽车"则交付376 030辆。

2. 全球新能源汽车的发展现状

上述关于新能源汽车的前景预测均基于其在技术研发、产业发展、政策环境等多个方面的发展现状所得到。总体而言，新能源汽车在电池、驱动系统、整车等关键技术上均有重大突破，并基本形成了完备的产业链，产业涵盖整车生产、"三大电"（电池、电机、电控）、"三小电"（电动空调、电动助力转向、电动助力制动）以及电池关键材料等领域。同时，政府为推行新能源汽车的市场发展也颁布了各类具体的推广政策。下面将对新能源汽车在技术、产业、政策三方面的发展现状进行具体分析。

（1）新能源汽车技术发展现状。在安全性能方面，各国政府都对新能源汽车的安全性能设置了多项检验指标，以确保所有上市新能源汽车的安全性。举例而言，欧盟出台了欧洲经济委员会安全法规（Economic Commission of Europe,

ECE），要求所有上市新能源汽车的各项指标符合该规范的要求；美国对于新能源汽车的安全要求与燃油汽车同等严格，同样使用联邦汽车安全标准（Federal Motor Vehicle Safety Standards，FMVSS）；我国在新能源汽车安全要求上也提出了一套系统规范，涵盖了从新能源汽车整体安全规范（如《新能源汽车生产企业及产品准入管理规定》《电动汽车安全指南》）到其中关键部件的安全要求（如《电动汽车用驱动电机系统 第 1 部分：技术条件》《电动汽车用电池管理系统技术条件》），以及智能网联技术相关规范，如《国家车联网产业标准体系建设指南（智能网联汽车）（2023 版）》《自动驾驶汽车运输安全服务指南（试行）》《智能汽车基础地图标准体系建设指南（2023 版）》。所有新能源汽车都要求通过规范中关于碰撞、充电等上百项检验项目后才能正式上市，可见顾客所能购买的新能源汽车车型都具有很高的安全性。

在汽车性能方面，续航里程是顾客最为关注的性能之一，它得益于电池技术的不断发展与突破有了质的飞跃。目前主流新能源汽车车型的续航里程范围在 300～700 公里，可以较好地满足城市居民日常交通的使用需求。在动力性能方面，目前主流新能源汽车车型的最高车速集中于 130～180km/h 的水平，与一般燃油汽车 150～180km/h 的最高时速较为接近，而且都已超过大部分国家和地区高速路的最高限速，能够满足正常的驾车需求。在加速性能方面，新能源汽车，尤其是电动汽车，得益于电动驱动系统特点和电机性能优势，百公里加速度一般能达到 3～6 秒；部分车型，如特斯拉 Model S Plaid 的 1.99 秒、极氪 001（FR 版）的 2.02 秒等在燃油汽车中也属于超级跑车的水平。表 1-2 展示了国内外品牌新能源汽车（电动汽车为主）主流车型的续航里程、动力性能及对应售价。

表 1-2　国内外主流新能源汽车车型的续航里程、动力性能及对应售价

车　　型	续航里程（km）	最高车速（km/h）	百公里加速时间（s）	充电时间（快充/慢充，h）	售价（万元）
比亚迪海豚（自由版）	420	150	3.9（0～50km/h 加速时间）	约 0.5/ 约 7.5	11.28
比亚迪汉 EV（715km 旗舰版）	715	130	7.9	约 0.5/ 约 14	21.98
广汽 Aion S 魅	480	160	6.8	约 0.75/ 约 10	14.68
极氪 001（ME 版）	705	240	3.3	约 0.5/ 约 16.7	26.9
蔚来 ET5（长续航版）	680	200	4	约 0.8/—	35.6
小鹏 P7	586	170	6.4	约 0.5/6.5	23.99

续表

车　　型	续航里程（km）	最高车速（km/h）	百公里加速时间（s）	充电时间（快充/慢充，h）	售价（万元）
问界M5（纯电后驱智驾版）	602	200	7.1	约0.5/约10.5	28.98
五菱Air EV晴空（四座标准版）	300	100	4.8（0~50km/h加速时间）	约0.75/约8	6.68
特斯拉Model Y（高性能版）	615	250	3.7	约0.5/约10	36.89
宝马i3（eDrive35L）	526	180	6.2	约0.5/约6.75	35.39
奥迪Q4 40e-tron（创行版）	605	160	8.8	约0.68/约12	28.99
大众ID7（PRO）	642	155	8.5（单电机版）/5.7（双电机版）	约0.6/约12	23.78
丰田bz3（长续航PRO）	616	160	3.4（0~50km/h加速时间）	约0.5/约9.5	18.98

在新能源汽车智能网联化方面，主要技术应用体现在了智能驾驶辅助、远程控制和互联、智能充电、智能能源管理和车联网应用等方面。通过提供自动驾驶、智能导航、语音识别等功能，汽车的智能化提升了用户的驾驶体验；通过能源管理系统优化车辆组件的工作模式或优化充电的时间，提高了汽车能源效率。然而，由于上述大部分功能均需要外部实时数据的支持，如道路交通的实时数据、电网实时数据等，汽车的网联化成为了智能化的必要支撑。汽车的网联化不仅丰富了汽车的功能应用，更促进了汽车产业的商业模式变革。信息通信技术（information communication technology，ICT）将汽车与交通设施、能源网络连接起来，成为物联网的重要一环。早在2010年，德国就将ICT技术在新能源汽车的应用纳入其"国家电动汽车发展计划"中，提出了将ICT技术融入新能源汽车的系统架构。我国新能源汽车行业也在《智能汽车创新发展战略（征求意见稿）》的政策指导下，掀起了互联网造车热潮，将ICT技术应用于新能源汽车，让其更加智能化，进而促进智能交通与智能电网的发展。此外，基于车辆健康监测与维护的汽车后市场服务，基于车载娱乐和信息推送的社交、旅游出行服务等也是汽车网联化所催生的新兴业态模式。

（2）新能源汽车产业发展现状。在技术发展与政府政策的支持下，新能源汽车经过多年的发展，已经形成了从原材料（电池材料、钢材等）供应、电力系统（电池、电机、电控）主要部件的研发生产、整车设计制造，到配套设施（充电设施等）的完整产业链，具有一定的产业化基础。

在新能源汽车的产销方面，2022 年全球新能源汽车销量共 1 020 万辆[①]，而我国 2022 年的新能源汽车的产量和销量分别为 705.8 万辆和 688.7 万辆[②]。在所有的新能源汽车销量中，我国和美国市场主要以纯电动汽车为主，欧洲市场的插电式混合动力汽车和纯电动汽车销量占比相对均衡。全球生产新能源汽车的企业主要分为两类，一类是传统的燃油汽车企业，如大众、宝马、福特、通用、丰田、北汽、广汽等，借助其汽车生产的技术基础、丰富的销售经验、品牌效应，拓展新能源汽车业务；另一类则是主力生产新能源汽车的新兴汽车企业，相比传统汽车企业更加关注互联网、物联网等信息技术的应用，致力于打造新一代的智能汽车，如特斯拉、蔚来、小鹏等。

在电力系统、充电设施等新能源汽车相关产业方面，随着新能源汽车产业需求的快速增加，2022 年全球锂离子电池的总出货量达 957.7GWh，其中 69% 的产能集中在中国[③]。国内主流的锂电池企业包括了宁德时代、比亚迪、中创新航、欣旺达等，其中宁德时代和比亚迪分别为 2022 年全球锂电池市场份额占比的第一位与第三位。新能源汽车的发展同样拉动了电机电控产业的发展。在发展前期，电机电控主要以采埃孚、博世、大陆等国外企业为主导。得益于国家政策的支持，我国相关产业也在快速提升。弗迪动力、方正电机、宁波双林、汇川技术等国内主流电机电控企业已占据我国新能源汽车电驱市场的大部分份额。作为新能源汽车的重要配套设施，充电设施也得到快速的发展，并初具产业规模。中国普天、特来电、国家电网等代表性企业的业务基本覆盖了充电桩产业链的上下游（设备生产商与充电运营商）。截至 2023 年年底，我国已建有充电基础设施 859.6 万台，换电站 3 567 座；配备具有充电能力的高速服务区约 6 000 个，充电停车位约 3 万个[④]。

（3）新能源汽车的政策发展现状。为了促进新能源汽车的发展和创造良好的发展环境，各国政府除了出台相关的发展规划，还投入了大量的资金并制定相关推广政策对新能源汽车市场进行刺激。其中与私人用车领域推广相关的政策包括支撑性政策（如技术研发投入、配套设施建设）、货币类激励性政策（如购车补贴、税费减免）、非货币类激励性政策（如提供专用车道）和限制性政策（如限

---

① 资料来源：International Energy Agency (IEA) 发布数据，https://www.iea.org/data-and-statistics/data-tools/global-ev-data-explorer。

② 资料来源：中国政府网，https://www.gov.cn/xinwen/2023-01/24/content_5738622.htm。

③ 资料来源：EV Tank，伊维经济研究院共同发布的《中国锂离子电池行业发展白皮书（2023 年）》，http://www.evtank.cn/DownloadDetail.aspx?ID=477。

④ 资料来源：中国政府网，https://www.gov.cn/lianbo/bumen/202403/content_6939863.htm。

制燃油汽车牌照发放数量）[1, 2]。各国新能源汽车推广政策如表 1-3 所示。前三类政策通过提高新能源汽车效用和降低购置或使用成本来提高顾客的采纳意愿，从而促进新能源汽车的市场扩散；限制性政策则通过对燃油汽车的购买、使用进行限制，间接促进新能源汽车的采纳与扩散。

表 1-3 各国新能源汽车推广政策

国　家	推　广　政　策	政　策　分　类
爱尔兰	混合动力汽车减免税款最高达 2 500 英镑 免除新能源汽车上牌税	货币类激励性政策
奥地利	基于碳排放的燃油税：新能源汽车可最高可获 500 欧元奖励	货币类激励性政策
	试点城市设立新能源汽车租赁和维修点	支撑性政策
比利时	新能源汽车购置价格减免 15%，最高上限 4 540 欧元 对节能汽车最高奖励 1 000 欧元，对高能耗汽车最高处罚 1 000 欧元	货币类激励性政策
丹麦	对清洁能源汽车减免所有税款 新能源汽车免费停车	货币类激励性政策
	与企业合作，投资 1 亿欧元投资建设基础设施	支撑性政策
德国	启动 CO_2 税系统，新能源汽车可免税 5 年 电动汽车在部分地区免费停车 2015 年之前购买电动汽车可免 10 年行驶税	货币类激励性政策
	建立 500 座充电站 投资 500 万欧元支持与电池技术相关的实验项目与研发 对电池规格设立标准	支撑性政策
法国	新能源汽车免费停车 电动汽车减免税款最高达 5 000 欧元	货币类激励性政策
	投入 4 亿欧元支持充电设施建设 构建运营一个包含 4 000 个充电站的全国性充电网络	支撑性政策
美国	降低停车费、上牌费和路桥费 低排放汽车税费优惠	货币类激励性政策
	25 亿美元用于发展新能源汽车 2016 年起，每年出资 1 000 万美元促进电池研发项目	支撑性政策
	加州：新能源汽车专用车位 加州：享受快速车道、拼车车道	非货币类激励性政策
葡萄牙	免除年税与上牌税，购置新能源汽最高减免 800 欧元	货币类激励性政策

续表

国　家	推　广　政　策	政　策　分　类
瑞典	设置碳税激励措施 购买电动汽车和混合动力汽车可以获得 1 000 瑞典克朗退款 购置电动汽车可获得 15% 退款 斯德哥尔摩：电动汽车减免拥堵费	货币类激励性政策
日本	节能汽车享受税费减免 50% 的优惠 混合电动汽车可获得税费优惠	货币类激励性政策
	提高电动汽车的研发预算	支撑性政策
英国	购买低排放电动货车最高可获得 8 000 英镑补贴 免除电动汽车的消费税	货币类激励性政策
	2015—2020 年投入 1 亿英镑用于低排放汽车研发 基于原有加油站网络建设充电站	支撑性政策
中国	根据续航里程对电动汽车进行购置补贴 减免电动汽车的购置税、车船税等税费 充电电价优惠	货币类激励性政策
	2011—2020 年中央财政拨款 500 亿元用于技术研发 2016 年投入 300 亿元建设各类充电设施 要求住宅、公共停车场设有充电桩的停车位占比不少于 10%	支撑性政策
	部分地区提供专用车道、专用停车位	非货币类激励性政策
	限制燃油汽车牌照发放数量	限制性政策

3. 我国新能源汽车市场发展存在的问题

新能源汽车市场主要分为公共交通领域、商业运营领域，以及私人用车领域三大市场。在政府政策的引导下，新能源汽车在公共交通领域有了较好的应用。目前我国一线、二线城市基本实现了公交汽车、出租车等公共交通的电气化。在商业领域的应用主要包括物流运输与商业运营。顺丰、菜鸟网络、京东物流等主要物流企业在《国务院办公厅关于推进电子商务与快递物流协同发展的意见》等政策的指引下，开始了物流汽车电气化的规划部署；在共享汽车、网约车等商业模式创新需求下，新能源汽车也开始在商业运营领域展开相关的市场应用。然而，在私人用车领域这一需求量巨大的市场中，新能源汽车的发展相对滞后，存在市场扩散缓慢的问题。

（1）前期扩散难问题。直至 2017 年年底，我国新能源汽车数量为 160 万辆[①]，其中公共交通及专用乘务车占据了较大比例，个体顾客对于新能源汽车的采

---

① 资料来源：中国政府网，https://www.gov.cn/xinwen/2018-03/10/content_5272929.htm。

纳程度较低，严重地阻碍了市场的发展，削弱了新能源汽车在环境保护、智能交通与智能电网等方面的促进作用。

（2）后期持续扩散问题。近年来，在政府大力支持下，我国新能源汽车销量，尤其是私人用车销量迎来了快速增长。2023年全国新能源汽车保有量达到2041万辆，但对于3.36亿辆的全国汽车保有量而言，仅占其中的6%，扩散进程仍处于初期阶段。此外，受到补贴政策退坡，欧盟计划推迟能源转型，梅赛德斯—奔驰、宝马、苹果等企业放缓或放弃新能源汽车计划等多方面的影响，新能源汽车在私人用车领域如何保持高速的发展将是接下来值得关注的问题。

对于上述问题，从个体采纳角度分析，是由于新能源汽车作为燃油汽车的替代品，顾客对新能源汽车属性的期望将以燃油汽车作为标准。即使新能源汽车的性能能够满足顾客的日常需求，但当价格、续航里程、使用便利性等属性不及燃油汽车时，顾客对新能源汽车这一新产品仍持有观望的态度，从而降低了其采纳意愿。此外，由于信息搜索能力、有限理性等原因，顾客对新技术产品的感知相对模糊[3,4]。全球五大市场研究公司之一的Growth from Knowledge（GfK）于2013年进行的新能源汽车认知态度调研发现，在3 105名调研参与者中，对新能源汽车产品特点非常了解的仅占1%。这说明大部分的顾客对于新能源汽车相关信息的了解是模糊的、不完全的，这容易影响顾客对新能源汽车属性提升的感知，进一步降低顾客的采纳意愿。由此可见，顾客对新能源汽车的感知对其采纳行为有着重要的影响。

从市场层面分析，顾客与相关企业对新能源汽车均持观望态度，导致其发展陷入了"蛋生鸡，鸡生蛋"的困局：一方面，顾客希望等到新能源汽车各方面都发展成熟后再进行采纳，从而影响了新能源汽车市场规模的扩大；另一方面，新能源汽车产业链上的相关企业也希望看到市场前景相对明朗后再加大投资或进入市场，因而严重影响了新能源汽车性能的提高、设施的完善以及价格的下降。具体而言，虽然政府与主流汽车企业均投入了大量资金进行技术研发，但新能源汽车的整体技术提升涉及了多个方面，如续航里程的提升就需要电池材料、制造、管理系统等多个领域的技术配合。缺乏相关行业的商业研发投入，就会减慢续航里程提升的速度。新能源汽车充电设施发展也面临类似的问题。由于缺乏商业投资，仅靠政府财政投入使得充电设施的建设进度缓慢，难以满足顾客对新能源汽车充电便利性的要求。而新能源汽车的成本问题除了与技术有关，还因新能源汽车市场规模较小，尚未形成规模效应，影响了成本下降的速度。

政府应对新能源汽车在私人用车领域发展问题的措施：一方面，投入了大量的资金进行新能源汽车的技术研发与相关基础设施建设，希望通过提高新能源汽车的性能与使用便利性从而促进顾客的采纳；另一方面，推行了购车补贴等多项货币类激励政策，试图利用直接的经济激励促进顾客的采纳，从而加速新能源汽车的市场扩散。然而，仅依靠政府激励来促进新能源汽车的发展显然不是长久之计。随着补贴政策退坡，新能源汽车产业也逐步从政策导向转为市场导向。这使得刚突破初期扩散瓶颈问题的新能源汽车又进入了下一个充满未知因素的扩散阶段。

1.1.2 研究问题

根据研究背景的分析，可以看出新能源汽车的采纳与扩散是一个受到了个体顾客、市场结构、政策环境等多个层面因素影响的长周期动态过程。新能源汽车属性在长周期内的动态变化、顾客对新能源汽车的感知、顾客间的交互关系以及政策环境都将对顾客的采纳与市场扩散过程产生复杂的影响。目前，关于技术/产品采纳与扩散的研究主要从产品的视角分析创新技术的采纳，或是从顾客的视角分析产品如何通过顾客的口碑传播等交互行为作用于产品的市场扩散。然而，这两类研究将基于产品属性的采纳决策与基于顾客行为的扩散过程割离了，无法对新能源汽车市场扩散所涉及的复杂关系和作用机理给出全面的解释。因此，有必要针对新能源汽车的特点及其所处的特定市场环境，对顾客的采纳行为与市场扩散机制展开从微观到宏观层面的研究。

已有关于新能源汽车采纳与扩散的研究主要分为新能源汽车采纳的影响因素分析和新能源汽车扩散预测两大类。前者主要通过问卷调查、访谈等方式获取相关数据，并基于传统的采纳理论进行影响因素的识别以及因素与采纳意愿的相关性分析[5, 6]。第二类研究主要基于 Bass 扩散模型、创新扩散理论构建量化模型或仿真模型进行新能源汽车的市场预测[7, 8]。可见已有相关研究主要以静态视角分析了新能源汽车采纳行为的前因条件以及特定条件下的新能源汽车市场扩散结果，缺乏从理论层面对影响因素的复杂交互作用与动态市场扩散机制的深入探讨，未能解释和改善新能源汽车扩散实践中技术持续发展、资金投入巨大与市场扩散缓慢这一投入与产出不对等的问题，也不能对日后新能源汽车持续发展的不确定局面提供指导理论。

综合上述现实问题与理论背景分析，笔者认为，无论是打破新能源汽车市场发展初期的"蛋生鸡，鸡生蛋"的困局，还是维持后期市场的持续发展，均需要对新能源汽车的市场扩散机制有充分了解，从而采用适当的政策策略进行有效推广，从根本上解决新能源汽车私人用车领域市场扩散所面临的现实问题。因此，下面将提出本书的研究问题：

新能源汽车属性的动态变化、采纳主体的交互行为、政策的外部调控将如何影响新能源汽车的市场扩散过程？政府又将如何提高政策的效用，更好地促进新能源汽车市场的持续发展？

1.2 研究目标与研究意义

1.2.1 研究目标

针对上述研究问题，本书的总体研究目标为：通过分析各类影响因素与新能源汽车顾客采纳行为之间的复杂因果关系以及市场扩散的作用机理，为解决新能源汽车初期扩散困局与后期持续发展等关乎国家战略产业发展的现实问题提供理论指导；针对政府的政策制定和相关企业的运营发展给出有效的管理策略，提高政府与商业投资的使用效率。具体的研究目标如下：

（1）在理论层面上，以产品和顾客的综合视角，集成已有的关于技术采纳与产品扩散理论，构建基于顾客采纳行为的新能源汽车市场扩散动态模型，更好地刻画新能源汽车扩散过程中顾客的交互行为与多重的信息循环反馈。同时，针对顾客对新产品的模糊感知以及新能源汽车作为替代品的特征，从微观层面分析新能源汽车属性对顾客采纳行为及市场扩散的影响。此外，在模型中考虑扩散网络中口碑传播、网络外部性等社会属性，从宏观层面分析采纳群体互动关系与政策环境对新能源汽车市场扩散过程的影响，深入探讨影响因素的作用机理与市场扩散的复杂机制。

（2）在方法层面上，针对研究问题的特点，进行研究方法上的创新。基于新能源汽车市场扩散问题的复杂性与动态性，采用定量与定性、建模与实证结合的多方法研究，综合集成系统动力学（system dynamics）、模糊逻辑、情景实验法（scenario-based experiment）、基于模糊集的定性比较分析（fuzzy-set qualitative comparative analysis，fsQCA）等多种前沿研究方法，从新的视角观察和分析顾客的采纳行为与新能源汽车市场扩散过程的演进模式，并揭示背后的深层次原因。

（3）在应用层面上，基于研究结果为政府与企业提供关于政策制定、运营管理的相关建议，促进新能源汽车的顾客采纳并加速市场扩散。一方面，结合我国新能源汽车的相关政策，分析政策在扩散过程中的作用机理，以提高政策效率。另一方面，基于新能源汽车采纳与扩散影响因素之间的多重并发因果关系，给出综合考虑顾客特征、新能源汽车发展情况及政策环境的市场扩散策略组合，为新能源汽车的相关企业提供关于产品定位、顾客定位、营销策略等较为全面的管理建议。

1.2.2 研究意义

本书旨在对私人用车领域的新能源汽车市场扩散问题进行全面深入的分析，尤其是各类影响因素的复杂关系及作用机理。通过分析基于顾客采纳行为的新能源汽车市场扩散机制，有助于为政府和企业提供不同层面的管理建议，以更好地解决新能源汽车在推广实践上所面临的问题。因此，本书在理论和实践层面上都具有一定的研究意义。

1. 理论意义

（1）本书结合技术采纳研究中的产品视角和创新扩散研究中的顾客视角对新能源汽车市场扩散问题进行了系统的分析。区别于已有相关研究的单一视角，本书从产品和顾客的综合视角，整合了基于产品属性的采纳决策与基于顾客行为的扩散过程，对新能源汽车市场扩散中涉及的复杂关系和作用机理进行了从微观到宏观层面的分析。

（2）本书在进行微观层面研究时，考虑了顾客对新产品的模糊感知，以及新能源汽车作为替代品的特点，为各类影响因素与顾客采纳行为的关系提供了新的解释维度。使用更加符合人类思维模式的模糊逻辑刻画顾客的感知，同时基于顾客对替代品的比较过程，结合产业发展的动态前沿，分析了ICT等网联化技术应用给新能源汽车带来的特有社交效用对顾客采纳行为与市场扩散的影响[9,10]。

（3）本书在进行宏观层面分析时，针对顾客异质性与新能源汽车发展所处的政策环境分别考虑口碑传播与网络外部性等网络属性对于新能源汽车市场扩散的影响。其中，口碑传播的引入有助于分析顾客采纳行为的差异如何通过群体的交互影响新能源汽车的市场扩散过程；对网络外部性的考虑则更好地反映了由外部因素所引起的采纳群体与环境的信息反馈，以及前期采纳者对于后期采纳者的决策影响，进一步体现了推广政策的实际效用。

（4）本书针对新能源汽车扩散问题的动态性与复杂性，综合集成了多种前沿研究方法，进行研究方法上的创新。其中，通过集成系统动力学与情景实验、模糊逻辑等方法，更好地呈现了采纳主体的真实感知、主体间的交互行为，以及信息的循环反馈，在体现扩散过程动态性的同时，使得模型在更大程度上反映真实系统。此外，针对影响因素的多重并发因果关系，采用fsQCA方法，对不同层面的因素进行组态分析（configurational analysis），给出促进新能源汽车扩散的有效条件组合。

2. 实践意义

本书立足于我国新能源汽车推广的实践情景，通过对新能源汽车市场扩散机制进行多视角、多方法的研究，给出了促进新能源汽车市场发展的相关建议，具体实践意义如下：

（1）本书关于新能源汽车属性感知与顾客异质性的仿真分析给出了新能源汽车发展阶段的划分依据，并针对不同发展阶段与市场顾客结构，为政府和企业提供相关的管理建议，对政府制定阶段性政策、进行政策调整以及汽车企业拓展市场、制定差异性市场战略有一定的指导意义。

（2）本书结合我国的市场结构及特有的牌照限制政策，分析该政策的作用机理及不同强度下的政策效果，为政府进行政策制定、企业应对外部政策环境提供了一定的理论参考，也为其他国家地区的新能源汽车推广提供了政策参考。

（3）本书关于新能源汽车影响因素的组态分析给出了综合考虑顾客群体特征、新能源汽车属性和政策环境的市场扩散策略组合，为新能源汽车的相关企业提供关于产品定位、顾客定位、营销策略等全面的管理建议。

1.3 研究内容、研究思路与研究方法

1.3.1 研究内容

根据上述研究问题与研究目标，本书基于产品和顾客的综合视角，建立基于顾客采纳行为的新能源汽车市场扩散动态模型，在考虑顾客模糊感知、顾客间口碑传播和外部政策干预的情景下，首先从微观层面基于"成本—效用"的顾客决策视角明晰了新能源汽车属性对其市场扩散的作用机理；其次，从宏观层面分析市场结构与政策环境对新能源汽车市场扩散的影响及机制；最后，基于整体视角，给出综合考虑不同层面因素的市场扩散策略组合。具体研究内容如下（各部分研究内容间的关系见图1-1）：

（1）考虑顾客模糊感知的新能源汽车市场扩散机制研究。在新能源汽车市场扩散模型中使用模糊逻辑呈现顾客对新能源汽车属性的模糊感知，根据相关理论及实际情境，设计与新能源汽车属性相关的不同情境并进行模型仿真，从微观层面基于替代品比较的决策过程，分析新能源汽车的汽车属性与网联化技术应用带来的特有属性对其市场扩散的作用机理，并针对新能源汽车的不同发展阶段为政府或企业给出相应的管理建议。

（2）考虑市场结构及顾客交互的新能源汽车市场扩散机制研究。基于顾客群体对新能源汽车属性的感知差异，将顾客分为首次购车者与再次购车者，构建考虑不同市场结构及顾客间口碑传播的新能源汽车市场扩散系统动力学模型，分析

不同采纳主体如何通过口碑传播的交互行为影响新能源汽车的市场扩散过程；根据仿真结果分析，针对不同汽车市场的顾客结构为政府和企业提出相应的管理建议。

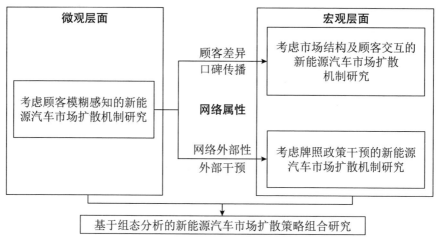

图 1-1　各部分研究内容间的关系

（3）考虑牌照政策干预的新能源汽车市场扩散机制研究。构建考虑牌照政策的新能源汽车市场扩散系统动力学模型，并在模型中考虑政策的外生网络外部性，以更好地反映政策环境与采纳主体之间的信息反馈。基于（2）中的市场结构研究，进一步分析牌照政策对市场结构的外生影响，并模拟不同政策强度下的市场扩散模式，从宏观层面分析政策环境等外部因素对新能源汽车市场扩散的作用机理。

（4）基于组态分析的新能源汽车市场扩散策略组合研究。对新能源汽车市场扩散系统中不同层面的因素进行基于整体论视角的组态分析。利用情景实验法测量得到的顾客偏好和采纳态度数据，使用 fsQCA 方法对新能源汽车扩散的前因条件组合进行研究，从而分析综合考虑顾客群体特征、新能源汽车属性及政策环境的市场扩散策略组合。

1.3.2　研究思路

本书将遵循图 1-2 所示的研究思路开展研究工作。以下是对图 1-2 的说明：

（1）本书的第 1 章主要对研究背景进行详细分析，从而提出研究问题，具体内容包括：分析新能源汽车发展的重要性、发展前景、现状以及存在问题等现实背景，从而提出本书的研究问题；根据研究背景并针对每一个研究问题，明确研究目标及意义；为回答研究问题，达到预期研究目标，进一步明确研究的具体内容并按照一定的研究思路开展工作。

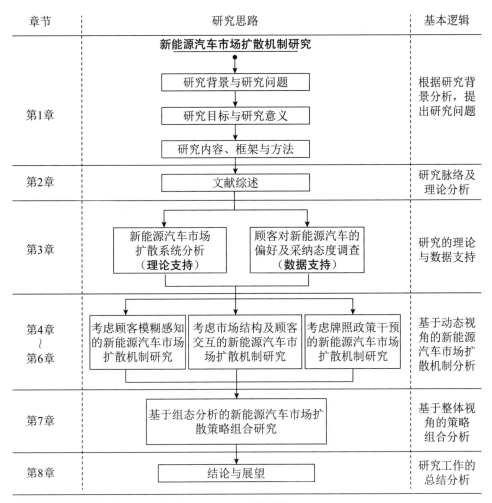

图 1-2 研究思路

（2）第 2 章为文献综述，通过查阅和分析新能源汽车采纳、扩散等相关研究，梳理研究脉络，对已有文献的贡献及不足之处进行总结，为本书研究工作提供理论依据。

（3）第 3 章主要为研究准备工作，为后续研究提供理论与数据支持。在文献综述的基础上，结合技术采纳与扩散理论和新能源汽车的发展现状，明晰新能源汽车市场扩散系统涉及的主体与因素，以及因素间的联系；根据相关分析和已有文献的结论，设计并进行顾客对新能源汽车偏好与采纳意愿的情景实验，为后续研究提供数据支持。

（4）第 4 章至第 6 章以产品和顾客的综合视角对基于顾客采纳行为的市场扩散机制进行微观层面到宏观层面的分析。通过构建新能源汽车市场扩散的动态模型，首先从微观层面分析存在模糊感知的情况下，新能源汽车属性如何影响其市场扩散过程；接着从宏观层面考虑顾客群体的感知差异、交互行为与外部调控因素影响，分析不同顾客群体如何通过口碑传播影响市场扩散过程，以及在网络外部性的情景下，探讨牌照政策对市场扩散过程的作用机理并给出政策的适用条件。

（5）第7章基于整体视角，针对新能源汽车扩散系统中因素的多重并发因果关系，采用fsQCA方法对不同层面因素进行组态分析，提出综合考虑新能源汽车属性、顾客特征、政策环境的新能源汽车市场扩散策略组合。

（6）第8章为结论与展望，是对本书主要研究工作、结论及贡献的总结分析，同时指出不足之处并提出对未来研究的展望。

1.3.3 研究方法

本书采用了多方法研究，根据研究问题的特点与研究需要选取了不同的方法，其中包括了行为实验、fsQCA、系统动力学建模仿真、模糊逻辑等方法。每一项研究内容对应的具体方法如下：

（1）考虑顾客模糊感知的新能源汽车市场扩散机制研究。针对顾客感知的模糊性，采用模糊逻辑刻画顾客的采纳决策过程，通过相关模糊函数及计算规则，将精确的新能源汽车属性信息转化为顾客的实际感知；针对新能源汽车市场扩散过程的动态性，采用系统动力学构建动态模型，更好地刻画新能源汽车属性因素之间的复杂关系与信息反馈[11, 12]。此外，考虑到顾客对于新能源汽车的低认知度，采用情景实验法，模拟特定场景，收集顾客对新能源汽车的偏好与采纳意愿数据，用于设置模型参数[13]。

（2）考虑市场结构及顾客交互的新能源汽车市场扩散机制研究。该研究主要采用系统动力学方法构建考虑顾客交互行为的新能源汽车市场扩散系统动态模型，更好地刻画不同顾客群体通过口碑传播进行互动的过程。模型构建所需数据则采用情景实验进行收集。

（3）考虑牌照政策干预的新能源汽车市场扩散机制研究。该研究主要采用系统动力学方法构建考虑外部政策影响的新能源汽车市场扩散动态模型，更好地刻画网络外部性下政策环境与采纳主体之间的信息反馈，并通过模型仿真分析政策对新能源汽车市场扩散的影响和作用机制。模型构建所需数据则采用情景实验进行收集。

（4）基于组态分析的新能源汽车市场扩散策略组合研究。针对新能源汽车市场扩散的影响因素之间的多重并发因果关系，基于整体视角，采用fsQCA方法对不同层面的因素进行组态分析，并根据有效的前因条件组合给出促进新能源汽车市场扩散的综合策略组合[14]。

1.4 框架结构

基于上述的研究目标与研究内容，本书共分为 8 章。

第 1 章为绪论，介绍新能源汽车市场扩散的研究背景，明确本书的研究目标及研究意义，简述相关研究内容、研究思路和研究方法，给出研究的框架结构和创新点。

第 2 章是文献综述，对技术采纳与扩散理论、新能源汽车采纳与扩散的相关文献进行梳理，主要从相关研究理论、影响新能源汽车采纳与扩散的因素、研究模型与方法等方面进行综述。通过对已有文献的系统梳理与分析，明确研究的缺口，并为后续研究提供了理论支持。

第 3 章是新能源汽车市场扩散系统分析。结合已有相关研究与新能源汽车发展现状，从复杂系统的角度，确定新能源汽车市场扩散系统的主体、关键要素及边界，为后续章节研究提供研究框架与理论支持。使用情景实验调查顾客对于新能源汽车的偏好与采纳态度，为后续的动态模型构建与组态分析提供数据支持。

第 4 章是考虑顾客模糊感知的新能源汽车市场扩散机制研究。通过构建考虑顾客模糊感知的新能源汽车市场扩散系统动力学模型，从微观层面分析长周期内新能源汽车属性的动态变化对顾客采纳行为以及新能源汽车市场扩散演进模式的影响及作用机制。

第 5 章是考虑市场结构及顾客交互的新能源汽车市场扩散机制研究。基于不同顾客群体对新能源汽车属性的感知差异，构建新能源汽车市场扩散系统动力学模型，并在模型中考虑不同采纳群体之间的交互行为，分析不同市场结构下的新能源汽车市场扩散机制。

第 6 章是考虑牌照政策干预的新能源汽车市场扩散机制研究。构建考虑牌照政策干预的新能源汽车市场扩散系统动力学模型，分析该政策对汽车市场结构的外生影响，并模拟不同政策强度下的新能源汽车扩散模式，从而探讨牌照政策的作用机制和适用条件。

第 7 章是基于组态分析的新能源汽车市场扩散策略组合研究。利用实验数据，对新能源汽车市场扩散系统中不同层面的因素进行基于整体论视角的组态分析，从而给出综合考虑顾客特征、新能源汽车属性及政策环境的市场扩散策略组合。

第 8 章为结论与展望，总结本书的主要研究工作与结论，指出本书研究的主要贡献、并根据不足之处提出未来研究工作的展望。

1.5 研究创新性说明

本书针对现实问题与已有研究的薄弱之处，对新能源汽车市场扩散机制进行了深入的分析与探讨，研究工作的主要创新性体现在以下几个方面：

第一，结合了技术采纳研究与产品扩散研究的产品视角与顾客视角，对新能源汽车市场扩散问题进行微观到宏观层面的探讨。本书集成了技术采纳理论与 Bass 扩散模型等理论基础，对基于产品属性的采纳决策与基于顾客行为的扩散过程进行整合，构建了基于顾客采纳行为的新能源汽车市场扩散模型，并分别从采纳个体感知、采纳群体互动与外部干预等不同层面对新能源汽车的市场扩散机制进行深入的分析。

第二，关注新能源汽车市场扩散过程的动态性与影响因素之间的多重并发因果关系。本书构建了考虑因素复杂关系、采纳主体互动以及信息反馈的新能源汽车市场扩散动态模型，得到了新能源汽车在连续时间上的多周期扩散演进模式，有助于深入分析其市场扩散的复杂机制。区别于已有研究关于因素间相互独立的假设，本书对不同层面的因素进行基于整体论的组态分析，给出促进新能源汽车采纳与扩散的有效前因条件组合，从而对已有文献存在的矛盾结论以及影响因素之间的复杂关系进行深入的探讨。

第三，本书结合现实情景与产业发展的动态前沿，考虑了顾客模糊感知、顾客群体交互与外部政策干预的影响，为各类影响因素与新能源车市场扩散的关系提供了新的解释维度。其中，模糊感知能够更好地刻画顾客的真实决策过程，使研究模型更好地反映现实情况；顾客间的口碑传播互动作为个体采纳行为到市场扩散的重要传导机制，是分析微观层面因素对宏观扩散影响的关键；对外部政策干预的考虑则是从外部视角分析环境因素对扩散系统行为的影响机制。

第四，本书基于我国新能源汽车推广的实践情景开展相关研究，结合我国新能源汽车发展现状与相关政策对新能源汽车的市场扩散机制研究设计了多层次的仿真情景。由于新能源汽车在欧美等汽车市场的发展更早，相关研究更多是基于国外背景或调查数据展开。考虑到国内外文化与经济的差异，国外研究所得结论并不一定适用于我国新能源汽车市场的发展，因此本书针对我国推广实践中面临的实际问题，采用国内的相关数据与信息进行研究，探索我国新能源汽车市场发展的一些内在规律，并基于我国相关发展规划给出促进新能源汽车市场发展的具体落实措施。

  第五，在研究方法上，本书根据研究问题与研究目标的需要，采用了多方法结合的方式，具体包括建模（系统动力学）与实证（情景实验法、faQCA）方法、定量（系统动力学、模糊逻辑）与定性（fsQCA）方法的结合，有助于对新能源汽车市场扩散系统的复杂机理进行全面深入的分析，从而针对研究问题给出更为丰富和完整的回应。此外，将模糊逻辑与系统动力学仿真结合的方法在已有相关文献中鲜有发现，这是对新能源汽车市场扩散研究的一种方法创新。

第 2 章 文献综述

相比汽车技术领域的研究，新能源汽车的市场扩散对于学术界而言依然是一个较新的课题，也存在着很多值得进一步研究的问题。因此，本章对已有的新能源汽车市场扩散文献进行研究视角、研究结论、研究模型等方面的梳理与综述，详细地分析评述了目前的研究现状，以便在已有研究基础上对新能源汽车市场扩散机制进行更加深入的探讨。考虑到个体采纳是市场扩散的微观层面行为，本章综述的文献也包括了新能源汽车采纳主题的研究。此外，本章也对已有相关文献所涉及的采纳与扩散理论进行论述分析，为后续的研究提供了理论基础。

2.1 文献检索情况与学术趋势分析

中文以"新能源汽车""电动汽车""技术采纳""技术扩散""影响因素""购买意愿""口碑传播""网络外部性"等词语或词语组合作为主题或关键词，在中国知网学术总库（CNKI）进行中文文献检索；英文以"electric vehicle""plug-in electric vehicle""hybrid electric vehicle""clean vehicle""alternative vehicle""technology adoption""technology diffusion""word-of-mouth/WOM""network externality"等作为主题或关键词在 Elsevier SDOL 全文库、IEEE/IEE（期刊、会议录、标准）库、Springer 电子刊电子图书库、Wiley 全文电子刊库、EBSCO 平台和 ProQuest 学位论文全文数据库进行外文文献检索。两类文献的检索均以 2023 年 12 月 23 日为截止日期。通过对检索结果的筛选，得到了与本书密切相关的文献，结果如图 2-1 所示。

根据检索结果可知，我国关于新能源汽车采纳与扩散的研究的发表时间主要集中在近十年，总体上呈现快速上升的学术趋势，如图 2-1（a）所示。通过对检索文献的时间分布分析，可以发现我国对新能源汽车研究的关注度主要受到相关政策的影响。2001 年"863"计划"节能与新能源汽车"重大项目发布之后，关于新能源汽车的研究便快速增长，但主要集中于技术研发领域。随着 2009 年"十城千辆"工程、"十二五"规划等新能源汽车推广政策的落实，关于新能源汽车的采纳与扩散的研究开始出现。2015 年，新能源汽车的战略地位在"十三五"规划中再次被强调，同时新能源汽车的推广也处于增长瓶颈期，因而吸引了更多学者对新能源汽车采纳与扩散等相关问题进行深入探讨，从而使得相关研究进入了第一个快速增长阶段。2020 年，《新能源汽车产业发展规划（2021—2035 年）》的出台指明了产业下一阶段的发展远景，同时强调了智能化、网联化和轻量化的技术发展方向，因此学者基于新的发展方向对新能源汽车的扩散及相关市场发展问题展开了延伸性探讨，促使相关研究进入第二个稳步增长阶段。可见，新能源汽车采纳与扩散是一个由现实问题驱动的学术课题，具有重要的实践意义，受到了经济、管理、交通运输等多个领域学者的关注。

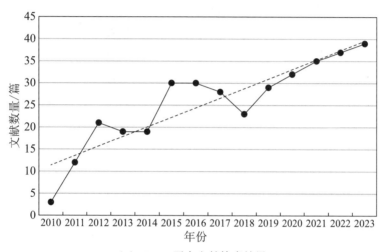

（a）CNKI 平台文献检索结果

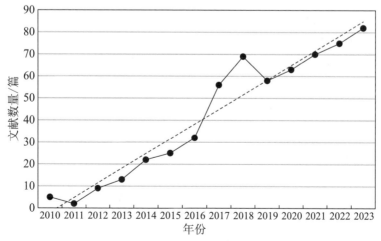

（b）Web of Science 平台文献检索结果

图 2-1　国内外文献检索结果

关于新能源汽车采纳与扩散的外文研究也随着各国政府对新能源汽车的日益重视而受到了越来越多的学术关注，并在近十年内呈现快速增长趋势[见图 2-1 (b)]。多个领域的学者从不同的角度对这一课题进行了相关研究，其中交通运输、商务经济等领域的研究占据了较大比例。由于新能源汽车在欧美等国家地区的发展较早，因此相关文献多来自这些国家，但我国以及其他的亚洲国家在新能源汽车采纳与扩散领域的研究也有着良好的发展趋势。

根据对国内外研究趋势的分析，可以看出新能源汽车采纳与扩散是目前备受关注的热点课题，具备一定的研究基础，其上升的学术趋势也进一步体现了本书的意义与价值。

2.2 本书的采纳与扩散理论基础

2.2.1 采纳理论基础

采纳是指某一个体或组织是否使用一项新产品或新技术的意愿和行动，是某一时间节点上的决策[15]。其中，对于技术的采纳更多是针对组织层面而言，尤其是在绿色技术方面，由于相关技术，如能源/材料效率技术、回收技术、末端治理技术（end-of pipe technology）等，更多用于改善生产或升级产品，其采纳主体多为企业等组织层面的主体[16-18]；而绿色产品，即通过绿色技术所生产的对环境友好的产品，如绿色食品、低氟制冷器、无铅汽油等，其采纳主体更多是个体消费者[19-21]。因此，本书认为在新能源汽车采纳中，制造商等供应链上游环节的采纳属于技术采纳，即是否采纳其他能源驱动这种新技术作为企业产品的核心技术；终端顾客的采纳均属于产品采纳，即是否购买新能源汽车这一新产品。下面将对本书的采纳理论基础进行介绍与分析。

1. 相关采纳理论介绍

（1）理性行为理论（theory of reasoned action，TRA）。目前主要的采纳理论如计划行为理论（theory of planned behavior，TPB）、技术采纳相关模型等均基于 TRA 理论中"态度、主观规范—行为意愿—实际行动"的决策范式（见图 2-2）所构建[22-24]。该理论建立了行为意愿与实际行动之间的关系，是人类行为研究中最为基础的理论之一，也被广泛应用于顾客购买决策与创新产品采纳等方向的研究中。TRA 理论认为，决策个体的行动是由其行为意愿所引起的，而个体的行动意愿主要受到了"态度"和"主观规范"的影响。对于个体的采纳行为而言，"态度"是指对于采纳这个新技术/产品的整个行为所持有的主观预期感受;"主观规范"则是指决策个体所认同的社会规范或身边朋友的看法。

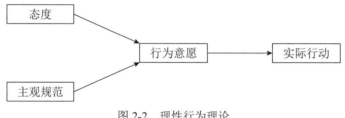

图 2-2　理性行为理论

（2）技术采纳模型（technology acceptance model，TAM）。TAM 模型是技术采纳领域中的经典理论模型，由 Davis 于 1989 年基于 TRA 理论提出，保留了其中"行为意愿—实际行动"的决策范式，并将顾客的采纳态度具体化，引入了"感知有用性"和"感知易用性"两个重要概念（见图 2-3）[24]。其中，"感知有用性"是指决策个体对新技术/新产品的感知效用，"感知易用性"则是指决策个体感知新技术/新产品的使用难易程度，并且由新技术/新产品的特定属性及其他外部因素所决定。由于新技术/新产品的使用难度将影响其效用的发挥，因此"感知易用性"将影响个体对新技术的效用感知。此外，这两项共同决定着决策个体对新技术/新产品的采纳意愿，从而影响其实际的采纳行为。部分学者针对不同技术/产品的特性，通过加入不同的变量，对 TAM 模型进行拓展，如 Bachfischer 等（2004）、Kuo 和 Yen（2009）等在 TAM 模型中加入了感知成本的影响 [25, 26]。TAM 模型自 1989 年被提出以来，经过学者的不断发展和完善，在专家系统等信息系统、营销，甚至包括农业技术等多个领域内得到了应用和实证的检验 [27-31]。

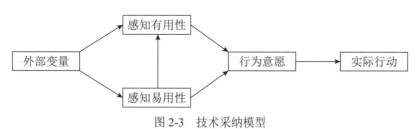

图 2-3　技术采纳模型

（3）技术采纳与利用综合模型（unified theory of acceptance and use of technology，UTAUT）。基于对已有采纳理论模型的总结和分析，Venkatesh 和 Morris（2000）等学者从决策个体的认知角度探讨"技术采纳"问题，从而提出了 UTAUT 模型（见图 2-4）[32]。UTAUT 模型同样保留了 TRA 理论中的"行为意愿—实际行动"决策方式，并整合了 TPB 理论、TAM 模型、社会认知理论（social cognitive theory，SCT）等多个理论中的相关变量，归纳影响"行为意愿"与"实际行动"

的四个因素,即"绩效期望""努力期望""社会影响""硬件条件"[22-24, 32, 33]。此外,该模型还考虑了决策个体的自身特征,将"性别""年龄""经验"和"自愿性"作为其他外部因素与"行为意愿"之间的调节变量。

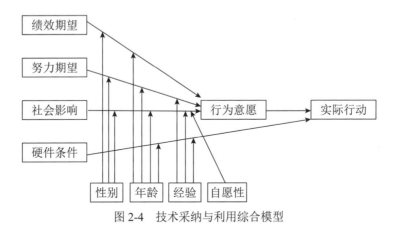

图 2-4　技术采纳与利用综合模型

2. 本书的采纳理论基础分析

综合来看,上述技术采纳理论均遵循"客观/主观因素—态度—采纳意愿—采纳行为"的范式。其中,TRA 理论相对简洁,是对人类决策过程的高度概括,应用范围更广泛,除了技术产品的采纳,也常应用于食品消费、医疗服务、绿色消费等顾客消费行为的研究[34-36]。在随后提出的 TAM、UTAUT 等技术采纳理论模型则在 TRA 理论的基础上进行了两个方面的拓展,以更好地适应技术产品的采纳研究。一方面,对影响顾客态度的外部因素进行了拓展,主要可分为客观与主观因素两类;另一方面,使用"感知有用性""硬件条件"等贴合技术产品属性的具体化概念来体现和衡量顾客的态度。因此,这些理论多用于研究手机、开放系统、手机银行等技术创新产品的采纳研究[37-39]。

本书将结合 TRA 理论、TAM 模型与 UTAUT 模型,并针对新能源汽车的特有属性,刻画顾客的采纳决策过程,从而构建基于顾客采纳行为的新能源汽车市场扩散动态模型。首先,本书将采用 TRA 理论中"行为意愿—实际行动"的决策范式作为分析顾客对新能源汽车采纳行为的理论基础,认为当顾客对新能源汽车具有较高的采纳意愿时,将进行新能源汽车采纳行为,从而进入市场实现新能源汽车的扩散。其次,新能源汽车的续航里程、充电便利性和汽车价格是影响顾客采纳的主要因素,分别影响着顾客对新能源汽车"有用性""易用性"与"成本"的感知。因此,本书将基于 TAM 模型以及相关拓展模型,使用"感知有用性""感知易用性"和"感知成本"刻画动态模型中不同顾客对新能源汽车不同属性的感知。最后,在新能源汽车采纳与扩散研究中,顾客作为采纳主体,其特征将对采纳决策产生一定的影响[32]。因此，本书将参考UTAUT模型中的顾客因素变量，在扩散策略的组态分析中，考虑顾客的性别、年龄、驾驶经验等相关变量。

2.2.2 扩散理论基础

扩散是指新技术/产品通过某一渠道（口碑、广告等）在社交网络中的不同个体、组织等采纳主体之间随着时间传播的过程[15]。在本书中，新能源汽车市场扩散是指新能源汽车作为新兴产品通过顾客采纳与顾客间的交互行为实现的产品市场份额随时间的增长。下面将对本书的扩散理论基础进行介绍与分析。

1. 相关扩散理论介绍

（1）创新扩散理论（diffusion of innovation theory，DOI）。最早关于创新扩散的研究来自社会学家Tarde所撰写的 *The Law of Imitation*[40]。Tarde（1903）认为，创新扩散是主体之间有意识或无意识的社交模仿所导致的，揭示了扩散过程的关键因素，即主体之间的交互。随后，越来越多的学者开始关注创新扩散这个崭新的研究课题[40]。Simmel（2010）的研究考虑了系统中主体之间的关系对创新扩散的影响[41]；Coleman等（1966）则强调社交网络当中人际的互动作用对创新扩散的影响[42]。Rogers于1962年提出的DOI理论更是创新扩散领域中里程碑式的研究，经过后续不断的改进和完善，该理论框架如图2-5所示[15]。

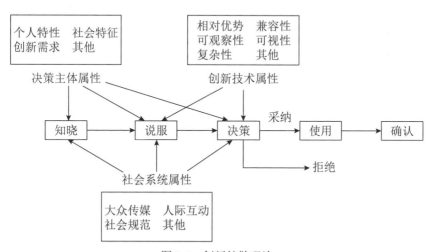

图2-5 创新扩散理论

Rogers（2010）认为创新扩散包括了"知晓""说服""决策""使用"和"确认"五个阶段[15]。"知晓"是指新技术/产品的相关信息通过某种途径（如广告、朋友告知等）被决策主体所知晓，但并非决策主体主动搜索信息。"说服"

则是决策主体对于新技术/产品感兴趣,并主动搜索相关信息以做进一步了解。"决策"阶段是指决策主体综合各类信息,权衡新技术/产品的优缺点,决定是否对其进行采纳。"使用"阶段是指决策主体对新技术/产品的实际使用阶段,感知该技术/产品所带来的实际效用。"确认"则是指决策主体决定是否再次采纳该项技术/产品[15]。

可以看出,前三个阶段是首次采纳决策的关键阶段,同时受到了多个因素的影响。影响因素大致可以分为三类,即创新技术/产品属性、决策主体属性和社会系统属性。

创新技术/产品的属性是整个扩散过程的关键,也是产品效用和价值的体现,还决定了该技术/产品的受众。其中,相对优势是指该项新技术/产品相对于未使用时所带来的效用,或是作为替代技术时,该技术的独有优势,与TAM理论中的感知有用性相似。兼容性、复杂性则是指新技术的使用与决策主体过往经验、习惯的一致性和使用的复杂程度,与TAM理论中的感知易用性相似。可试性和可观察性则是新技术/产品可被试用的程度和创新成果可被他人观察的程度,与扩散过程中的使用和确认阶段相关。

在决策主体属性方面,以往研究指出个人特征等一些人口统计变量对顾客购买决策有重要的影响[43,44]。因此,在DOI理论中也考虑了决策主体的属性,除了年龄、性别等个人特征,还包括身份、地位等社会特征、个人需求和偏好等。

在社会系统性质方面,根据相关定义,扩散发生在社交系统内,而系统内决策主体的互动对扩散过程有着重要的影响[15]。具体而言,社会系统性质包括了大众传媒、人际交往、社会规范等因素;这些因素关系到新技术/产品信息、口碑传播以及他人看法和相关规范所带来的影响。

此外,考虑到决策主体具有不同的属性特征,Rogers(2010)还将扩散系统里的采纳者分为创新者、早期采纳者、早期采纳人群、后期采纳人群和迟缓者五类[15]。各类采纳者在S型扩散曲线的不同时间段出现。在采纳初期,由于只有少量创新者出现,扩散趋势较为缓慢,对于扩散过程却有着关键作用,借助口碑传播帮助新技术或产品的信息传递和通过影响社会规范带动早期采纳者和早期采纳人群采纳新技术/产品。随着早期采纳者和早期采纳人群的出现,扩散进入高速发展阶段,并吸引态度保守的后期采纳人群进入扩散系统,使新技术/产品市场趋于成熟并且增长速度趋于缓慢,后期出现的迟缓者则令新技术/产品市场保持稳定状态。

(2)Bass扩散模型。另一个经典的扩散理论模型为Bass扩散模型,也是新能源汽车扩散研究常用的模型。Bass 扩散模型是由 Frank M. Bass 于 1969 年提出，其核心思想是将新技术/产品扩散过程中的作用群体分为创新采纳者（Innovator）和模仿者（Imitator），其中创新采纳者通过独立决策（不受他人影响）在技术/产品发展初期成为早期的采纳者；另一个群体（模仿者）的采纳决策则会受到创新采纳者和其他模仿者的影响，使得在扩散过程中采纳人数随着已有采纳者的增加而增加[45]。Bass 扩散模型所描述的扩散过程符合典型的市场扩散 S 型曲线，这是因为一方面模仿者通过口碑效应随着采纳人数的积累而快速增加，另一方面创新采纳者将随着市场的饱和程度而减少，减缓了口碑效应对产品扩散的积极作用，如图 2-6 所示。

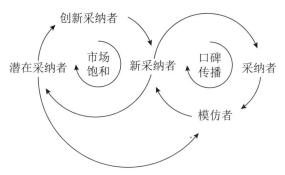

图 2-6　Bass 扩散模型作用主体关系

Bass 扩散模型将研究的重点放在社会系统性质，即大众传媒与口碑传播的影响。同时，该模型参照了 DOI 理论中采纳者的分类，将采纳者分为创新者与模仿者，前者通过大众传媒获得新技术/产品的相关信息并进行采纳行为，然后通过口碑传播影响模仿者的采纳决策[45]。

2. 本书的扩散理论基础分析

综合而言，上述 DOI 理论和 Bass 扩散模型从不同的方面对技术扩散进行了分析。其中，DOI 理论主要对整个创新扩散的过程、涉及的因素以及决策主体进行了定义与分类，给相关研究提供了较为完整的分析框架，成为教育、公共卫生、通信等领域中技术/产品扩散问题的主流研究范式之一。Bass 扩散模型则在 DOI 理论的基础上，将分析重点放在了扩散网络中社会系统性质的影响以及不同决策主体的交互行为上，从动态的角度对于技术/产品扩散过程进行分析与探讨。

对相关扩散理论的论述分析为本书的研究提供了一定的理论指导：①划分了扩散过程的不同阶段，其中"知晓""说服""决策"阶段对应顾客对新能源汽车购买决策中的信息搜索、备选方案选择与决策阶段[46]；②对技术扩散的影响因素分类为本书中涉及的影响因素的划分提供了依据；③采纳者的分类与 S 型扩散曲线的提出则为本书进行仿真结果分析和提出阶段性管理建议提供了理论支持与启发；④口碑传播等网络效应的分析指出了采纳行为与扩散过程的传导机制，有助于本书对新能源汽车市场扩散这一动态系统的内部复杂机制进行深入分析。

2.2.3　技术采纳与技术扩散的关系分析

在以往的相关研究中，大部分学者通常只提及技术/产品的采纳或扩散，将两者看作两个独立的部分[47-49]。在采纳研究中，学者更多从技术/产品的视角，识别对采纳主体决策产生影响的技术/产品属性，或分析具体属性对采纳决策的影响作用。扩散研究则从顾客的视角，分析采纳主体之间的互动关系（如口碑传播）如何影响新技术/产品随时间的扩散模式。然而，在演化经济学中，采纳和扩散两者是并行的[50, 51]。在早期文献中就有学者将基于技术/产品属性的采纳决策作为关键的独立变量放到扩散研究中[52]。采纳是从个体层面分析潜在采纳者的决策过程，而决策主体对新技术/产品的使用感受将通过大众传媒、人际互动等途径在社交网络中传播，从而影响他人的采纳决策，从而作用于扩散过程。不同的潜在采纳人群，由于个人特征、偏好等方面的差异，将产生不同的采纳决策，再通过不同群体的相互影响，导致扩散模式的复杂变化。而新技术/产品的扩散情况同时也通过网络外部性等效应改变着影响潜在采纳者的市场环境。因此，要对某项新技术/产品的扩散演进模式有全面充分的了解，应综合产品与顾客的视角考虑其采纳与扩散的过程。

2.3　新能源汽车采纳与扩散的研究方向

从一个新兴产品的出现到整个产业的发展，中间存在一个非常重要的环节，那就是顾客对该产品的认可与采纳，只有当产品在市场扩散成功时，才能形成产业发展需求。因此，与新能源汽车采纳和扩散相关的课题受到了越来越多的学术关注，并从不同的角度对其进行研究，这些研究大致可分为采纳行为影响因素研究与不同因素影响下的新能源汽车扩散研究。

2.3.1　采纳行为影响因素研究

已有关于新能源汽车采纳的文献主要围绕顾客采纳行为的影响因素开展，具体研究视角也随着时间不断变化。早期相关研究主要以定性分析为主，多以新能源汽车的发展为主题，主要通过描述国内外新能源汽车的发展现状，分析其中存在的问题,即分析阻碍顾客采纳和市场扩散的原因,并提出相关的应对措施[53, 54]。随着新能源汽车投入实际应用,顾客对其的认知逐渐形成,学者便开始使用问卷和访问等调研方式,了解顾客对新能源汽车的态度。这一类研究多从实际角度出发,通过收集顾客对于新能源汽车技术、价格、政策等因素的偏好程度,并使用统计分析的方法了解顾客的购买意愿[55, 56]。此外,也有学者分析顾客年龄、收入、受教育程度等特征对其关于产品感知差异、购买意愿和采纳行为的影响,从而对顾客进行分类,也为新能源汽车市场细分提供了依据[57, 58]。随着相关研究的积累,越来越多的学者关注新能源汽车采纳这一课题,并开始了理论层面的研究。学者们基于 TPB 等相关理论模型进行实证研究,有针对性地识别新能源汽车采纳影响因素以及因素与采纳行为的相关性[5, 6, 22, 59, 60]。在对影响因素有一个系统的研究后,学者则转向使用量化模型研究各类因素对新能源汽车采纳行为的具体影响;由于影响新能源汽车采纳的因素较多,这类研究通常会侧重其中一类因素,如政策、基础设施或续航里程[61-63]。

2.3.2 不同因素影响下的新能源汽车扩散研究

区别于新能源汽车采纳的研究,扩散研究主要从宏观层面观察新能源汽车在市场的渗透过程,通过使用不同的研究方法预测新能源汽车的销量或市场份额走势或站在不同作用主体的角度寻找扩散过程中的有利策略。由于新技术/产品的扩散是一个动态演进的过程,因此新能源汽车扩散的研究多采用量化模型和建模仿真这两类方法[64-66]。其中,采用量化模型的研究有以下两个关注点:

(1)基于新能源汽车采纳影响因素的研究结论,给出不同影响因素作用下的新能源汽车市场扩散预测[67-69]。

(2)基于传统技术扩散理论,分析口碑传播等主体交互行为对于新能源汽车市场扩散的影响[70]。

使用建模仿真的研究则关注于扩散系统中各个作用主体之间的互动关系对整个系统行为的影响。相关研究对新能源汽车的扩散过程进行仿真,并在模型中考虑多个作用主体,设置各类细致的规则,将研究的重点放到"人(顾客群体或企业)"的作用中;同时,也会考虑新能源汽车产业链中各环节的作用主体之间合作与竞争等关系对扩散过程的影响[8, 65]。

近十年来,学者对于新能源汽车采纳与扩散的探索不断深入,相关文献已从简单的现状分析发展到理论层面的探讨。然而,已有研究的关注重点以及研究结论更多是在分析"是什么影响了新能源汽车的采纳与扩散"和"因素对新能源汽车采纳与扩散是什么样的影响",对于"如何影响"的作用机理问题依然有待研究。

2.4 新能源汽车采纳的影响因素

从 2.2 节可知，关于新能源汽车采纳的研究主要围绕影响因素展开。通过实证分析，学者已发现多个因素与新能源汽车采纳行为有着显著关系。根据已有的采纳及扩散理论，以及整个新能源汽车采纳系统中的作用主体，可以将相关影响因素分为三类：创新产品特征、顾客特征，以及政策环境[15]。其中，创新产品特征是顾客采纳决策考虑的首要因素。基于顾客的"成本—效用"分析原则，只有产品能够满足顾客实际需求且价格符合成本预算时才会进行产品采纳[71]。顾客特征则更多基于顾客异质性的分析，认为具有不同特征的顾客可能由于学历、经历等原因对产品的感知和偏好存在差异，从而导致不同的采纳行为[70, 72, 73]。政策环境属于影响顾客采纳的外部因素，政府通过使用特定措施或进行财政补贴，影响新能源汽车属性的变化，进而影响顾客的采纳行为[74-75]。下面将根据这三类因素展开相关研究的综述。

2.4.1 新能源汽车属性

新能源汽车属性包括安全性、续航里程、性能等技术因素，购置成本、使用成本等成本因素，以及充电因素，相关研究见表 2-1。

表 2-1 影响新能源汽车采纳的汽车属性及相关文献

	新能源汽车属性	相关文献
技术因素	安全性	[48], [75]—[78]
	续航里程	[79]—[85]
	性能（加速、外观设计、噪声）	[63], [78], [79], [82], [86], [87]
成本因素	购置成本（汽车价格、相关税费）	[5], [69], [76], [78], [81], [86]
	使用成本（用电成本、维修成本）	[49], [76], [87]—[90]
充电因素	充电便利性	[5], [48], [72], [78], [103]—[109]

1. 技术因素

技术因素包括了新能源汽车的续航里程、安全性与其他技术相关的属性。由于新能源汽车是技术导向的新产品，所以在发展初期，与技术相关的属性是顾客关注的重点。

新能源汽车的安全性无疑是顾客最为关心的因素，Featherman 等（2021）、李丹青和郭焱程（2022）等国内外文献均指出新能源汽车安全性与顾客的采纳意愿存在显著关系[76, 78]。顾客对于新技术通常都抱着既好奇又怀疑的态度，由于他们对新能源汽车技术不了解，很容易因此产生"技术恐惧"[91]。参与 Graham-Rowe 等（2012）研究的顾客对新能源汽车的性能和安全性进行了负面评估[75]。然而，实际情况是，新能源汽车有着一套严格的安全标准，新车型投入市场前必须经过多个测试，符合数百项检验标准后才能正式上市。为克服顾客的"技术恐惧"，Jensen 等（2013）在丹麦进行的研究发现，新能源汽车的驾驶体验可以改变顾客对新能源汽车的认知，并对其采纳意愿有积极的影响[80]。

田园和卓慧娟（2014）、Adepetu 和 Keshav（2017）、Jang 和 Choi（2021）等的研究测量了顾客对于新能源汽车功能属性的偏好感知以及购买意愿，发现续航里程过短成为了阻碍顾客采纳的主要原因[83, 85, 82]；即使意识到新能源汽车对环境保护的作用，顾客也会由于续航里程短而不选择新能源汽车[92]。在技术发展初期，由于电池容量较小，一般新能源汽车的续航里程为 100～150 公里，与传统汽车 300 公里以上的续航里程确实相差甚远。而且驾驶者对汽车的期望往往会大于其实际需要，大部分顾客对于新能源汽车存在着一种"里程焦虑"[81, 93]。Skippon 和 Garwood（2011）的实验进一步证实了这一现象，被试在试驾新能源汽车后，发现新能源汽车的续航里程是足够日常使用的[79]。然而，Jensen 等（2013）研究中的驾驶者在实际驾驶新能源汽车后表示续航里程确实过短，不足以应付日常需要[80]。这种矛盾结论可能归因于样本的选择，对于把新能源汽车作为城市交通工具的顾客而言，并不需要太长的续航里程；而对于经常需要进行长途驾驶的顾客来说则不然。对于短途使用的顾客来说，Rauh 等（2020）认为通过加强用户对里程相关知识的学习或是增加用户的实际驾驶体验等手段，可以更好地缓解用户的"里程焦虑"，使用户对新能源汽车有更清晰的感知，从而消除他们对新技术的怀疑与抵触[94]。但随着电池技术的不断突破，部分新能源汽车续航里程已达到 400 公里以上，可媲美燃油汽车。相信随着技术的进一步发展，新能源汽车的续航里程将不再是顾客采纳的阻碍。

除了续航里程，新能源汽车的其他性能、外观设计等也影响着顾客的采纳行为[78, 82, 86]。这是因为新能源汽车的其他汽车性能及外观将会影响顾客的使用体验以及汽车所带来的身份地位，尤其是性能所带来的体验感能够帮助顾客更好地适应新能源汽车这一新产品[95]。Skippon 和 Garwood（2011）在英国进行了相关研究，发现新能源汽车的汽车性能，如低噪声、加速度等的提高能够促进顾客对新能源汽车的接纳程度[79]。在实际应用中，特斯拉 Model S（P100D）2.7 秒的百公里加速时间和 250km/h 的最高时速确实吸引了不少顾客的关注，与 Egbue 等（2017）研究中新能源汽车性能对顾客采纳具有积极影响这一结论一致[63]；此外,该车型流线型的跑车外观设计也大受好评,印证了 Burgess 等(2013)研究中关于新能源汽车外观与顾客采纳行为的结论[86]。

综上所述,已有相关研究主要利用问卷调查数据,使用实证方法识别了影响顾客对新能源汽车采纳的技术因素。这些技术因素包括新能源汽车的安全性、汽车性能、外观设计等多个方面的属性,对顾客的采纳态度具有明显的影响。然而,已有研究虽然给出了技术因素与顾客采纳态度之间的相关关系,但没有从一个动态的视角观察因素在长周期内的变化对顾客采纳态度的影响以及对于整个扩散系统行为的作用机理。此外,随着新能源汽车技术性能的提升,顾客对于新能源汽车技术因素的关注重点也可能发生转移,继而影响其采纳行为。

2. 成本因素

成本因素包括新能源汽车的购置成本和使用成本[49, 96]。众多研究指出,与成本相关的因素和新能源汽车采纳存在高度相关性,特别是在新能源汽车发展初期,其价格要远远高于传统燃油汽车,这也成了顾客采纳的门槛之一[75, 81, 86]。在 Carley 等(2013)的研究中,超过 50% 的问卷参与者认为新能源汽车价格过高是其主要的缺点[5]。Krause 等(2016)则发现当新能源汽车价格与传统燃油汽车的价格相当时,新能源汽车的采纳率有明显的提高[97]。Olson(2018)、Sioshansi(2012)、Liu 等(2021)的研究指出新能源汽车的用电成本是顾客考虑的另一个重要成本因素,通常会与燃油汽车的加油成本作对比[69, 89, 90]。相比使用汽油,新能源汽车在能源使用上确实要比燃油汽车更加节省费用。对此,Carley 等(2013)、Graham-Rowe 等(2012)的实证研究也发现,新能源汽车的低使用成本对新能源汽车采纳有积极的影响[5, 75],尤其是在汽油价格不断上涨的情况下,新能源汽车优势就更为明显。此外,维修成本作为使用成本之一,也是顾客所关注的。Sierzchula(2014)和 Mitropoulos 等(2017)的研究发现维修成本对顾客采纳的意愿有一定影响[49, 87]。然而,新能源汽车的维修成本更多取决于实际的使用情况,不容易与燃油汽车作比较。

总体而言,高昂的新能源汽车价格让很多顾客望而却步,但长远来看,新能源汽车的低使用成本对顾客又存在一定的吸引力。为此,部分学者专门对比了传统燃油汽车与新能源汽车生命周期成本[98-101]。因为他们相信精确计算两者的生命周期成本差异可以帮助顾客更好地进行购买决策[81, 102]。

3. 充电因素

充电难是阻碍顾客对新能源汽车采纳的主要原因之一[48, 103, 104]。Carley 等(2013)、Sierzchula 等(2014)、李丹青和郭焱(2022)等多个研究将充电便利性作为新能源汽车的一个兼容属性,同时证实了该因素与新能源汽车购买意向的正向关系[5, 105, 78]。Sierzchula 等（2014）的实证研究结论甚至指出，充电便利性是影响顾客采纳的最重要因素[105]。Mohseni 和 Stevie（2009）也将充电便利性视为新能源汽车的一个兼容属性，认为其能够为驾驶者带来更好的体验，并提高顾客对新能源汽车的使用成本的接受程度[106]。Xu 等（2020）和 Zhang 等（2021）的研究指出，高的充电便利性能够缓解顾客的"里程焦虑"[107, 108]。当然，这里的充电便利性除了指充电设施的可用性（即设施的分布密度），也包括与充电相关的一些属性，如充电时长。目前的新能源汽车主要有快充和慢充方式，但 30～60 分钟的快速充电时间与 5 分钟的燃油汽车加油时间相比依然让顾客难以接受。Hidrue 等（2011）、张洁和裴梓翔（2017）、Giansoldati 等（2020）等的研究指出了充电时间长对顾客的采纳行为有着消极的影响[72, 103, 109]。

综上所述，新能源汽车的属性是学者在研究初期最为关注的采纳影响因素。相关研究主要通过实证方法识别和新能源汽车属性相关的影响因素并分析其与顾客采纳态度的相关性，并得到了基本一致的结论，即新能源汽车安全性、汽车性能、购置与使用成本、充电便利性等均是顾客购买决策中所顾虑的因素，对顾客采纳决定有重要影响。与此同时，通过对这部分研究的分析，也发现了一些值得深入探讨的问题：①随着技术的发展，部分新能源汽车属性如安全性、续航里程等得到了极大的改善，新能源汽车的成本也在逐步下降。因此，这些影响因素对新能源汽车采纳的影响也将随之变化，使得长周期内的新能源汽车扩散成为一个动态过程，这是以往静态研究方法所难以深入分析的。②部分与新能源汽车成本相关的研究认为燃油汽车与新能源汽车的成本差异对顾客的采纳行为存在明显作用，那么新能源汽车的其他属性是否也需要在与燃油汽车对比的角度下进行作用机理的分析[98-101]？③上述研究提到了新能源汽车属性之间存在着相互作用，如驾驶体验、充电设施增加有助于降低"里程焦虑"。但这些因素之间的交互关系对新能源汽车采纳行为与扩散过程的影响仍有待进一步探讨。

2.4.2 顾客特征

顾客特征是指顾客的自身特征，包括了性别、年龄、教育等方面的人口统计变量，以及性格、生活态度等主观情感因素。下面将对涉及这些因素的新能源汽车采纳研究进行详细综述与分析。

1. 人口统计变量

市场营销、决策科学等领域的许多研究指出人口统计变量是影响顾客购买决策的重要因素[43, 44]。Slama 和 Tashchian（1985）的研究对影响顾客购买行为的因素进行了实证研究，认为影响因素主要为顾客自身的人口统计特征（如收入、年龄、学历、职业、性别等）[110]。

在新能源汽车采纳研究中也得出了类似的结论。性别因素是最早被学者研究的一个人口统计变量。然而关于性别对汽车购买决策的影响作用存在不一致的研究结论。Christidis 和 Focas（2019）基于欧洲地区数据的研究发现，男性对于新能源汽车的选择偏好更高[111]；Huang 和 Ge（2019）基于北京市数据的研究也得到了相似的结论[112]。然而，也存在一些相反的观点，Musti 和 Kockelman 等（2011）在美国进行的实证研究指出女性相比男性更加偏好于购买新能源汽车[113]；Mabit 和 Fosgerau（2011）以及朱勇胜等（2017）分别基于丹麦和中国调研数据所得到的研究结论也与文献 [113] 一致[114, 115]。Sovacool 等（2019）的研究则进一步指出，这可能是由于女性顾客比男性顾客更在意汽车的环保属性[116]。

顾客对产品的需求将随着年龄的增长而变化，处于不同年龄阶段的顾客对同一产品的态度也存在差异。早期研究指出，年轻顾客具有更强的环保意识，因此更偏好于绿色消费[117, 118]。Lin 和 Wu（2018）在中国的研究和 Chen 等（2020）在欧洲国家进行的研究也得出了类似的结论[119, 120]。但已有研究中也存在矛盾的结论，Mukherjee 和 Ryan（2020）基于爱尔兰地区数据的研究表明，35 岁以下顾客对新能源汽车的购买可能性更低[121]；Musti 和 Kockelman 等（2011）的研究也指出，年纪较大的顾客更容易接受新能源汽车[113]；Jia 和 Chen（2021）的研究中，虽然基于问卷数据的结果显示年长用户更倾向于展示负面的新能源汽车采纳态度，但在实际的车主数据中，年长用户却占更高比例[122]。王宁等（2015）基于我国调研数据的研究则直接指出中年顾客，即年龄段在 30～50 岁的顾客更加偏好新能源汽车[88]。Christidis 和 Focas（2019）的研究则发现在欧洲地区，30～40 岁顾客群体对新能源汽车的偏好更高[111]。

一般认为，学历与绿色消费存在相关关系，学历的高低将影响或改变人们原有的价值观念和风俗习惯，直接影响人们的消费行为和消费结构。Carley（2013）、Vassileva 和 Campillo（2017）等研究则认为高学历者对新能源汽车的接受程度更高[5, 123]。这是因为这些顾客更容易学习和了解新能源汽车的原理，因此更容易采纳新的技术；同时这一部分顾客可能具有较强烈的社会责任感，更愿意购买并带动周围的人使用新能源汽车从而起到节能环保的作用。也有一些研究发现学历与新能源汽车的购买没有显著的相关关系[106, 124]。朱勇胜等（2017）的研究发现，对于燃油汽车和纯电动汽车这两个选择而言，随着学历的提高，顾客对后者的购买意愿是下降的[115]。

已有相关研究通常认为顾客的收入与顾客的购买决策呈正相关关系[123, 78]。顾客的收入从某程度上决定了其购买力，而汽车对一般人而言属于一种高档消费品，只有顾客的收入水平达到一定程度时，才可以完成购买行为。Moons 和 De Pelsmacker（2012）基于 TPB 理论的研究就将顾客是否具有新能源汽车购买能力作为衡量直觉行为控制的一个维度，影响着顾客的购买意愿[6]。Hidrue 等（2011）和王宁等（2015）关于顾客对新能源汽车购买意愿的研究就指出，高收入人群对新能源汽车的接受程度更高[72, 88]。然而，有学者指出收入与顾客的绿色消费行为之间呈负相关关系，如 Samdahl 和 Robertson（1989）发现，具有绿色环保消费意识的顾客收入比社会平均水平要低[125]。而在新能源汽车采纳研究中也存在关于收入因素的矛盾结论，如朱勇胜等（2017）的研究认为低收入人群更偏好纯电动汽车[115]。

通过对上述相关文献的梳理，我们发现：①从早期关于顾客购买决策的研究到绿色消费行为的相关探讨都指出，性别、年龄、学历、收入等统计人口变量是影响顾客采纳决策的关键因素，而本小节所提及的文献也利用实证数据证明了这些变量与顾客对新能源汽车采纳之间的相关关系，为本书建立动态模型提供了理论支持。②已有文献中关于年龄、性别、学历、收入等因素对新能源汽车采纳行为的作用存在着矛盾结论，说明这些影响因素背后可能存在更为复杂的作用机理，这也是本书需要进一步探讨的。③已有关于人口统计变量与新能源汽车采纳关系的研究主要采用基于变量相互独立的回归分析方法，虽然指出了每一个变量与新能源汽车采纳的关系，却忽略了这些变量之间存在的相互作用。这可能是导致已有研究存在矛盾结论的一个主要原因。

2. 情感因素

除了上述提到的人口统计变量，部分学者关注顾客个人特征中更为主观的一些因素。其中，顾客的环保意识就是学者所关注的。由于新能源汽车属于生态创新产品，顾客环保意识的水平自然是影响其采纳行为的重要因素之一[116, 125, 126]。相关文献主要研究了顾客的亲环境态度、规范与信念等与新能源汽车采纳行为的关系。Graham-Rowe 等（2012）、Chu 等（2019）的研究均指出顾客选择新能源汽车的动机之一是出于对环境的保护[75, 126]。特别地，Carley 等（2013）的研究发现大多数早期采纳者都是受到保护环境的欲望驱使而采纳新能源汽车[5]。虽然顾客的一些亲环境行为、态度可以预测顾客购买新能源汽车的意愿，但一些研究者如 Lane 和 Potter（2007）在讨论了这方面的态度—行为差距时，认为对亲环境的积极态度不一定会导致顾客的实际购买行为[48]。此外，Moons 和 De Pelsmacker（2012）、Song 等（2022）研究发现顾客的情绪、性格特征、文化差异对其新能源汽车的采纳行为也存在一定程度的影响[6, 127]。如 Schuitema 等（2013）指出乐趣和快乐影响着顾客对新能源汽车的购买意向[95]；Chu 等（2019）、Corradi 等

（2023）的研究也指出，顾客对新能源汽车所带来的社会地位认知也会对其购买新能源汽车的意愿产生影响[126, 128]。

顾客的情感因素对于促进新能源汽车采纳具有一定作用，如通过科普宣传等方式加深顾客对新能源汽车的认知或提高顾客的环保意识。然而，关于采纳新能源汽车这类亲环境行为的研究依然缺乏一定的情感理论基础，而且其与价值观、信念和规范等因素之间的关系也尚未明确。对于研究者而言，这类因素较为主观，难以测量与控制。因此，在进行新能源汽车采纳的影响因素研究时，更多学者将研究重点放在顾客的客观特征上。

2.4.3 政策环境

为了推动新能源汽车的快速发展，各国政府都出台了一系列与技术研发、财政补贴等方面相关的推广政策，对于顾客的采纳行为也产生了一定的影响。因此，相关政策对顾客采纳行为的影响成为了新能源汽车采纳的一个研究分支，主要文献见表 2-2。

表 2-2 新能源汽车推广政策的相关文献

文献	地区与数据	研究方法	研究内容
[48]	英国的两个科研项目数据（Low Carbon Vehicle Partnership、Open University's Design Innovation Group）	科研项目报告	分析影响顾客购买清洁能源汽车意愿与实际行动的因素，发现科普宣传、购买补贴等政策能促进顾客的采纳行为
[106]	澳大利亚你、比利时、加拿大、新西兰、荷兰等 30 个国家的政策、汽油价格、新能源汽车销量等相关数据	回归分析	分析价格补贴、排放税、税费减免等货币类激励性政策对新能源汽车推广的影响
[119]	北京、上海、广州、深圳等四个城市的问卷数据（988 份问卷）	统计分析	识别影响顾客购买新能源汽车意愿的因素，发现政府补贴是其中存在显著影响的因素
[129]	美国 2006 年混合动力汽车牌照注册数据	截面分析	主要分析了税费减免这一类政策对混合动力汽车采纳的影响
[130]	瑞典 2010—2016 年的市政年度数据	回归分析	公共采购和充电设施建设政策对新能源汽车推广有积极影响。
[131]	冰岛新能源汽车相关政策数据	系统动力学仿真	相比税费减免措施，购车补贴这一类降低前期成本的激励措施在推进新能源汽车推广方面更有效
[132]	中国的 88 个试点城市 2013—2015 年的相关数据	截面分析	分析了不同城市的市级政策对顾客购买新能源汽车意愿的影响

续表

文献	地区与数据	研究方法	研究内容
[133]	7位来自荷兰、丹麦、挪威和比利时的专家	群决策方法	分析各项新能源汽车推广政策的效果与可行性
[134]	悉尼地区的650份问卷数据	陈述性偏好调查方法	碳排放税对新能源汽车采纳的影响
[135]	中国61个城市2009—2018年的新能源汽车数据	回归分析	货币类补贴政策有效促进新能源汽车的采纳；在私人用车领域，充电设施建设能够提高新能源汽车需求
[136]	中国41个新能源汽车示范城市2013—2014年新能源汽车销售数据	线性回归分析	重点分析充电设施建设、提供专用车道、免牌照竞拍等非货币类激励性政策对顾客采纳意愿的影响
[137]	European Free Trade Association（EFTA）的8个国家在2014年的新能源汽车销售数据	统计分析	考虑购车补贴、税费减免等货币类激励性政策的燃油汽车与新能源汽车生命周期成本对比

  对于各地区不同的推广政策，Hacker等（2009）将其简单地分为货币类政策以及非货币政策[1]。其中，货币类政策包括了购买补贴、排放税等通过降低顾客购买或使用新能源汽车成本或提高传统燃油汽车使用成本的激励性政策。Lane和Potter（2007）、Zhang等（2016）、Lin和Wu（2018）、Liu等（2021）多个研究均指出在众多推广政策中，与购车补贴、燃料价格、基础设施建设相关的政策将影响新能源汽车的采纳[48, 132, 119, 135]。Diamond（2009）主要分析了与混合动力汽车相关的各类税费减免政策对顾客采纳行为的影响[129]。Shafiei等（2018）则研究了税款减免与购买补贴政策对新能源汽车采纳和社会效益的影响[131]。Srivastava等（2022）的研究利用博弈模型分析了补贴和差别税收政策如何提高新能源汽车的市场份额，并给出了最大限度提高社会福利的税收补贴组合[138]。Beck等（2013）将研究重点放在碳排放税政策上，这也是早期研究排放税如何影响顾客的汽车选择的文章[134]。Sierzchula等（2014）发现，货币类激励性政策，如购买补贴和排放税，都与新能源汽车的市场份额存在正向相关性[105]。Lévay等（2017）在进行燃油汽车与新能源汽车生命周期成本对比时，将货币类激励性政策带来的成本影响考虑其中，并认为购置补贴和税费减免政策更加有利于中小型新能源汽车的销售[137]。非货币类政策则包括研发投入和配套设施建设（充电设施建设、专用道路等）这一类支撑性政策，以及提供专用车道、车位等一些非货币类的激励性政策。Bakker和Trip（2013）使用群决策支持系统对新能源汽车政策进行效益以及可行性的评估，发现与充电设施建设相关的支撑性政策

评分最高[133]。Wang 等（2017）利用中国市场的数据，也证明了充电设施建设、提供专用车道、牌照免竞拍等非货币类激励性政策对新能源汽车采纳有着积极的影响[136]。

总体而言，大部分研究指出，虽然不同政策对新能源汽车采纳的作用程度有所差异，但基本上属于积极的促进作用。然而也存在一些研究认为，政府政策对于新能源汽车采纳的影响并不总是积极的，还取决于顾客对这些政策的实际效用感知以及接受程度[139]。首先，政策应该能够被顾客充分理解，否则政策将不会对新能源汽车采纳产生影响；其实，政策应该具有相对的持续性，政策的频繁变化可能给顾客带来不确定性，使顾客产生抵触，从而妨碍新能源汽车的采纳。此外，政府政策与新能源汽车属性也存在着相互作用，如 Lévay 等（2017）的研究指出，货币类激励性政策通过降低新能源汽车的生命周期成本从而提高了顾客的采纳意愿[137]；Broadbent 等（2018）则认为充电设施的建设可以缓解顾客的"里程焦虑"[140]。因此，政府政策，尤其是不同类型的政策组合对于新能源汽车采纳与扩散的影响是复杂多变的，对政策在新能源汽车采纳与扩散系统中的作用分析，能够更好地帮助政府针对不同市场和新能源汽车发展阶段制定高效的政策组合。此外，上述研究主要分析了基础设施建设、税费减免等支撑性与激励性政策的作用，但对于燃油汽车限购限行等限制性政策的分析却鲜有发现。考虑到目前限制性政策被越来越多的地区所采用，所以关于限制性政策的作用分析对提高推广政策的整体效用具有很强的必要性。

2.5　新能源汽车扩散相关研究

新能源汽车作为一种创新产品，除了顾客个人的采纳行为，其在市场的扩散也受到了学者的关注。这一部分的研究主要使用量化模型和建模仿真两类方法，下面将对这两类研究进行综述。

2.5.1　新能源汽车扩散量化模型研究

传统的市场扩散量化模型研究均从顾客的视角展开，大致可以分为两类：一类将市场中的顾客作为一个整体，关注全体成员的活动过程对市场扩散的影响，如 Bass 模型；另一类则更加关注不同群体间的行为差异对市场扩散的影响，如顾客选择模型（Consumer Choice Model）[141]。

1. Bass 扩散模型

在 Bass 扩散模型中，有两个重要的参数：一个是创新系数，即决定受外部因素（如大众传媒）的影响程度；另一个是模仿系数，即决定受到采纳者与潜在采纳者之间口碑传播的影响程度[45]。虽然这两个参数存在默认值（标准巴斯曲线），但为了使模型更加符合新能源汽车的扩散过程，部分学者将研究的重点放在了模型的参数估计上。Brusch 等（2015）对 Bass 扩散模型中的每一个参数进行了蒙特卡洛仿真以分析每一个参数对扩散过程的影响，并使用德国的新能源汽车市场的数据以及政府目标估计和检验新能源汽车 Bass 扩散模型中的相关参数[142]。Massiani 和 Gohs（2015）也做了类似的研究，对已有文献中关于新能源汽车 Bass 扩散模型的参数进行了检验，并使用德国新能源汽车市场数据进行了参数估计，同时发现市场潜力（潜在需求总量）的选择对创新系数的估计有较大影响[70]。Lavasani 等（2016）同样关注 Bass 扩散模型的参数估计，选取了传统燃油汽车以及互联网和移动电话使用的相关数据来估计模型中的创新系数、模仿系数以及汽车市场规模[67]。利用中国混合动力汽车及纯电动汽车的历史数据，刘颖琦等（2016）也对新能源汽车 Bass 扩散模型的相关参数进行了估计和检验，以预测中国新能源汽车的销量[143]。

部分基于已有参数的新能源汽车预测研究还考虑了其他相关因素的影响。Lavasani 等（2016）的研究发现市场规模对于新能源汽车扩散速度有正向的影响，而汽车价格对扩散过程的影响并不明显[67]。De Assis 等（2023）则在 Bass 模型中加入了购买成本、维护成本、续航里程、电池容量等成本及功能属性因素，分析了各类影响对新能源汽车扩散的影响，并认为购买成本是其中的主要驱动因素[144]。Kong 和 Bi（2014）基于 Bass 扩散模型和中国汽车市场的实际情况，分析了两种不同商业模式下的新能源汽车扩散过程：第一种商业模式为汽车购买模式，即传统汽车市场的商业模式，主要依靠创新采纳者拓展新市场；第二种模式为电池租赁模式，在这种模式下由于使用成本下降以及便利性的提高，能够带来更强的口碑效应。结果表明，第一种模式下新能源汽车扩散速度更快，而第二种模式可以提高新能源汽车的最大年销量[7]。

综合而言，由于 Bass 扩散模型更加关注技术/产品扩散过程中采纳者之间的互动行为，上述新能源汽车扩散研究也将研究的重点放在了采纳者与潜在采纳者之间的口碑传播，其研究结论也体现了口碑传播在扩散过程中的重要作用。在扩散模型中加入口碑传播的影响可以更好地体现顾客之间的交互关系，也有助于进一步探索新能源汽车采纳与扩散系统的复杂机理，并为本书提供了理论支持。然而，新能源汽车市场扩散是一个涉及多方面因素的复杂系统，但上述研究只涉及价格相关的一类影响因素，并未能从一个整体角度对系统进行全面的分析。

2. 消费者选择模型

消费者选择模型也是新能源汽车扩散研究常用的模型之一，主要用于计算在受到自身偏好影响下，顾客在多个备选项中选择某个特定产品的概率。由此可见，消费者选择模型属于第二类常见的扩散模型，关注顾客的选择行为对扩散过程影响。根据顾客不同的选择心理，消费者选择模型也有两类：多项 logit 模型，即顾客会在所有的备选选项中选择对其效用最大的一个；嵌套 logit 模型，即顾客会对所有的备选选项进行分类，直至所有分类都不相关为止，然后再进行选择。

基于消费者选择模型的新能源汽车扩散研究主要观察不同因素影响下的顾客选择如何影响新能源汽车的扩散情况。其中，顾客类型和新能源汽车属性通常会同时在模型中被考虑，Santini 和 Vyas（2005）利用多项 logit 模型分析了两类顾客（早期采纳者和大部分购买者）在不同的情景下的偏好以及预测新能源汽车的市场份额；不同的情景则考虑了汽车技术和燃油价格的变化[145]。Sikes 等（2010）也在预测新能源汽车保有量时考虑了同样两类因素[146]。不同的是 Sikes 等（2010）使用了嵌套 logit 模型，并考虑了早期采纳者、早期大众采纳者和后期大众采纳者三类顾客以及充电设施、补贴、驾驶习惯的影响[146]。类似地，Liu 和 Cirillo（2018a）和 Klein 等（2020）也建立了消费者选择模型，前者建立了包括一次购买、重复购买等情境的扩散模型，并考虑了燃料价格、车辆价格等属性变化对顾客选择及新能源汽车扩散的影响；后者则考虑了家庭充电可能性对纯电动和插电式混合动力汽车的购买影响[147, 148]。

基于消费者选择模型的新能源汽车扩散研究中考虑的外部因素主要包括社交影响和政策环境。Sturben 和 Sterman（2008）在早期关于新能源汽车扩散研究中，就使用消费者选择模型测量顾客对于不同新能源汽车属性的效用以及顾客间的社交影响[8]。后来，Axsen 等（2013）通过访谈数据，也发现被试对新能源汽车的感知明显受到了他人的影响，因此建立了一个多项 logit 模型对数据进行进一步分析，并将这种社交影响分为三类：扩散、相关信息分享以及新能源汽车优缺点的讨论。该研究发现，忽略社交影响将会低估顾客对新能源汽车的偏好程度从而不能准确预测其市场扩散[56]。He 等（2014）的研究在传统顾客选择模型中整合了社会网络分析，以捕捉社交网络对新能源汽车扩散的动态影响[149]。Diamond（2009）则分析了顾客类型和顾客补贴对新能源汽车扩散的影响，并细致地考虑了顾客的特征，将顾客的收入、日常驾驶里程等财政情况和驾驶习惯考虑到模型中[129]。Jia 和 Chen（2023）的研究则分别采用了混合 logit、潜在类别和潜在类别混合 logit 三个选择模型，分析了顾客关于汽车属性以及政策的偏好对新能源汽车扩散的影响[150]。

此外，有部分学者分析了多种能源汽车的市场扩散情况。Liu 和 Cirillo（2018b）建立了考虑燃油汽车、混合动力汽车、纯电动汽车等不同类型车型的顾客选择模型，以对家庭未来用车进行预测，并发现"绿色"汽车能够增加家庭对汽车的拥有量[151]。Cui 等（2012）同样使用嵌套 Probit 模型预估顾客对于 13 种新能源汽车技术的选择概率，并考虑了顾客的环保意识及相关政策的影响[152]。

综上所述，基于消费者选择模型的新能源汽车扩散研究着重于刻画顾客的采纳决策机制，通过构建顾客关于新能源汽车的效用函数对新能源汽车市场进行预测。相关的研究结论为本书中新能源汽车市场扩散模型的变量关系设定提供了重要的理论依据。虽然上述研究对于新能源汽车技术、价格等各类因素都分别有所考虑，但并未将各类因素整合在同一模型中进行分析，存在着研究变量零散、缺乏对系统主体以及变量之间的动态互动关系刻画和内部机制分析等薄弱之处，需要进一步地探索分析。此外，从研究的分析对象而言，上述研究更多关注新能源汽车的扩散结果的预测，而忽略了对扩散过程的机理分析，不利于深入探索新能源汽车市场扩散的复杂机制。

2.5.2 新能源汽车扩散建模仿真研究

基于 Bass 扩散模型与消费者选择模型的研究虽然使用量化模型对新能源汽车的扩散过程进行了刻画，但这一类量化模型研究得到的是单一时刻或离散时间下的扩散结果，难以得到连续时间下的扩散演进模式。因此，为了更好地对新能源汽车市场份额进行预测，学者使用基于 Agent 的模型（agent-based model，ABM）和系统动力学两种复杂系统仿真方法进行相关研究。

1. 基于 Agent 的模型

基于 Agent 模型的研究主要关注系统中"Agent"的作用，即系统中各个角色的交互作用。因此，Agent 是 ABM 仿真的基本组成单位，即主动对系统产生一定作用的个体，可以是人或事物，也可以是某一个或某一类事物的抽象[153]。系统内的 Agent 可以通过其内部变化或各个 Agent 间的交互作用对系统产生影响，统称为"涌现"现象，其中 Agents 之间的相互作用是影响系统行为的重要原因。Agents 之间的关系可以是依赖、竞争或冲突，它们通过感知其他 Agents 的状态以及整个系统的环境或信息从而改变自身的状态，达到交互目的，并影响系统行为。

在基于 Agent 模型的新能源汽车扩散研究中，通常从整个产业链的角度出发，包含了顾客、供应商、政策制定者等多类 Agents，其中顾客 Agent 是大部分相关研究的重点。顾客 Agent 代表了市场的市场需求方，是新能源汽车信息和口碑传播的作用主体，所以成了扩散过程中的重要角色。从新能源汽车采纳研究结论可以看出，顾客 Agent 的特征对其采纳行为存在明显作用，因此，顾客的个人特征如性别、年龄、收入、生活方式、驾驶习惯、偏好等因素将成为制定该类 Agent 的决策规则的考虑因素。De Assis 等（2023）建立了 ABM 模型对巴西 2021—2035 年新能源汽车的市场份额进行预测；该模型将每个购车个体作为一个 Agent，主要考虑 Agent 对价格、性能等新能源汽车属性的偏好[144]。除了对新能源汽车属性的偏好，也有研究分析了顾客 Agent 的不同政策偏好对新能源汽车扩散的影响。Neshat 等（2023）的研究在考虑燃油与电力价格因素基础上，分析了充电设施建设激励对新能源汽车市场扩散的影响。结果显示，欧洲地区只需要保持充电设施激励措施的年增长率为 10%，就可以将新能源汽车的采纳率提高到 46%[154]。Zhuge 等（2021）在研究电池及充电技术对新能源汽车扩散影响时，同样关注于顾客 Agent，不同的是该研究将顾客分为燃油汽车用户、纯电动汽车用户以及混合动力汽车用户三类 Agents，并考虑了 Agents 之间的关系。结果表明，电池成本对新能源汽车的扩散有显著影响，且电池和充电技术将在微观层面影响新能源汽车的扩散路径[65]。Wolf 等（2015）的研究则在 ABM 模型中加入顾客的心理因素，包括安全感、舒适感、环保意识、形象等八个因素，并由此将顾客分为八类 Agents，研究他们之间的社交关系及交流互动如何影响新能源汽车的扩散[155]。此外，顾客 Agents 之间的交互也是影响扩散的重要因素，前面提到的 Neshat 等（2023）对新能源汽车扩散的研究重点还包括顾客 Agents 之间的交互作用，其 ABM 模型中考虑了口碑传播、社交互动等的影响，以更加准确地预测新能源汽车市场份额[154]。类似地，Wolf 等（2012）的研究也关注 Agents 之间的交互作用，并在 ABM 模型中假设 Agents 之间存在两种交流方式，即依据事实（汽车信息、购买行为相关信息）的交流和依据情感的交流（主观感受或期望），结果发现依据情感的交流对新能源汽车扩散作用更大[156]。

除了考虑单一 Agent，部分学者也会在模型中加入其他角色，如供应商、政策制定者等，从整个产业链的角度分析新能源汽车扩散过程。Zhuge 等（2019）的研究中的 ABM 模型考虑了新能源汽车、电网系统、交通基础设施和环境四个维度的 Agents，并分析了不同 Agents 之间的相互影响，以及 Agents 之间的互动如何影响整个系统的行为变化。研究发现，邻居效应能够影响新能源汽车的使用，且新能源汽车的扩散总体上是对保护环境有利的[157]。Luo 等（2023）的研究则关注充电设施建设对新能源汽车扩散的影响，通过建立考虑顾客、充电设施投资者、充电设施运营者三个大类 Agents 的 ABM 模型，观察 Agents 在采纳决策过程、充电活动和充电设施的投资运营活动之间的动态互动,深入分析充电设施建设在新能源汽车扩散过程中的作用,并在该分析基础上进一步考虑了针对充电运营商的补贴政策,给出了相关的政策建议[158]。

2. 系统动力学

系统动力学也是新能源汽车市场扩散研究另一个常用的仿真方法。系统动力学同样是研究复杂系统行为的方法,与 ABM 模型不同的是,该方法主要研究系统中的内部机制以及复杂信息反馈;其描述系统的基本单元不是 Agent,而是回路。在回路里,常使用因果关系来描述系统因素之间的关系,使用流图表示因素的性质和系统结构,用积分方程对系统因素及关系进行定量描述。系统动力学能够较好地处理延迟、非线性、信息反馈等问题,使模型更好地反映现实系统[12]。ABM 与系统动力学的区别可以见表 2-3。

表 2-3 ABM 与系统动力学的区别

比较维度	方法	
	ABM	系统动力学
基本单元	Agent	回路
系统现象	涌现	系统因素之间的信息反馈
研究重点	Agents 之间、Agent 与环境之间的交互	延迟、非线性、循环反馈

基于系统动力学模型的新能源汽车扩散研究重点在于系统因素及因素间的相互作用对系统行为的影响。已有相关文献中常见的系统因素包括新能源汽车属性因素和政策环境因素。此外,利用仿真方法中的 what-if 分析,学者更偏向使用系统动力学分析政府政策对新能源汽车扩散的影响,在仿真模型中测试不同政策的促进作用。

Sha fiei 等(2018)针对冰岛的货币类激励政策进行了新能源汽车扩散的系统动力学仿真研究,从新能源汽车购置和使用成本的变化分析货币类激励性政策的影响,并发现加收汽油税政策可以提高政策的总体效用[131]。Braz da Silva 和 Moura(2016)与 Lee 等(2016)基于系统动力学的研究也得出相似的结论,认为货币类激励性政策对于新能源汽车的市场扩散有积极影响;不同的是,前者研究的是加收燃油税,而后者研究的是购车补贴和研发补贴[159, 160]。Benvenutti 等(2017)同样建立系统动力学仿真模型分析了四种政策对新能源汽车扩散的影响,其中也包括三个货币类激励性政策,即关税减免、汽车购置税优惠和生产税减免,还有一个对燃油汽车进行限制的非货币类政策。结果发现,这些政策对新能源汽车的扩散都具有积极作用,但是要达到巴西政府的目标,还需要更多的推动措施；限制燃油汽车这一政策虽然作用明显，但需要到 2060 年才开始发挥作用[161]。Harrison 和 Thiel（2017）则将研究重点放在了充电设施建设上，在多个相关的情景下进行系统动力学仿真，结果发现充电设施对于新能源汽车扩散有积极作用，可以提高新能源汽车对顾客的效用，但基础设施投入相比其他政策，其作用在早期并不明显[162]。Li 等（2022）的研究则利用系统动力学方法综合分析了牌照、购车补贴、研发补贴和基础设施建设等多个政策对新能源汽车扩散的影响，发现顾客对购车补贴最为敏感，但研发补贴的影响最小；此外，模型还考虑了政策对汽车制造商、基础设施运营商的影响，发现补贴政策对两者都有积极影响[163]。

Shepherd 等（2012）的研究也在系统动力学模型中考虑了续航里程、充电设施、碳排放、购车补贴等多个因素，但仿真结果与文献 [159, 160] 的结果相反，表示补贴对于新能源汽车扩散并没有太大影响，而真正起作用的是顾客之间的口碑传播，其作用甚至超过了技术因素的影响[164]。Struben 和 Sterman（2008）的系统动力学研究同样分析了口碑传播与大众传媒在新能源汽车扩散中的作用，指出口碑传播能够建立起燃油汽车用户与新能源汽车用户之间的联系，从而影响燃油汽车用户的选择，而大众传播能够增加顾客对新能源汽车的熟悉度；两者皆形成了系统中的正向循环，对新能源汽车扩散产生积极作用[8]。

综合前面小节的文献综述，新能源汽车扩散的仿真研究从一个系统视角分析了一定周期内新能源汽车的扩散过程，为本书提供了一定的方法支持。其中，ABM 建模研究关注的重点在于 Agents（个体或群体）之间的交互活动，通过为 Agent 设置具体的采纳规则，从而分析 Agent 行为如何影响系统行为。因此，AMB 在新能源汽车研究中更加适合用于从产业层面分析不同利益主体（有着较为明确的采纳规则与交互关系）之间的互动与博弈。然而，新能源汽车市场扩散的研究涉及的更多是系统要素，而非只是个体的互动行为，同时考虑到本书的目的在于探索要素之间如何通过信息反馈产生交互作用，以及其对系统行为的影响，本书将采用系统动力学构建新能源汽车市场扩散的动态模型（系统动力学的适用性分析详见 3.2.2 节）。通过对已有系统动力学仿真研究的分析，发现已有研究对变量的选择依然较为零散，没有对关键要素进行系统分析。此外，大部分相关研究均基于国外情景进行市场预测，一方面其研究结论未必适用于我国市场，另一方面缺乏对新能源汽车市场扩散机制进行理论层面的分析。因此，本书将针对这些薄弱之处，基于我国新能源汽车推广的实践情景，从动态视角对各类因素之间的关系，以及其对新能源汽车市场扩散系统行为的影响作用进行更为全面和深入的仿真分析。

2.6 文献评述

为了对新能源汽车采纳与扩散的相关研究进行脉络梳理与分析，本文在国内外论文数据库进行了相关文献检索，发现该方向的研究受到越来越多的关注，在数量与质量上都呈现上升趋势。学者们从多个角度对新能源汽车采纳与扩散进行了研究，得到了很多具有学术价值和实践指导意义的研究成果，为后续研究提供了依据与基础。下面将从已有文献的贡献与不足之处两个方面对上述文献加以评述。

2.6.1 已有文献的贡献

（1）已有文献为本书关于新能源汽车市场扩散的机制分析指明了研究意义与价值。作为一个创新产品，新能源汽车技术的发展固然重要，但是产品的成功扩散才是该技术得以应用的前提条件。在研究发展初期，徐哲（2006）、Hasegawa（2010）等关于新能源汽车发展的研究虽然以定性分析为主，但通过实际的案例分析，让我们对于研究背景有了更深入的了解[53, 54]。此外，结合国内外新能源汽车推广的现状分析，更加明确了新能源汽车市场扩散的重要研究意义及迫切性。

（2）已有文献为本书提供了理论依据与分析框架。首先，已有文献通过实证研究识别了多个影响顾客对新能源汽车采纳的因素，成为本书建立基于顾客采纳行为的新能源汽车市场扩散模型的基础与依据。其次，已有文献中基于 Bass 扩散模型、消费者选择模型等理论模型对口碑传播、社交影响等网络属性的研究结论也为本书建立动态模型时分析采纳主体交互、信息反馈提供了理论依据。最后，已被识别的采纳因素大致可归纳为新能源汽车属性、顾客特征和政策环境三类因素，且通过不同的方式作用于顾客采纳行为，也为本文的动态模型仿真以及组态分析提供了分析框架。

（3）已有文献为本书提供了方法支撑。已有文献分别采用了实证研究、量化模型、建模仿真等方法对新能源汽车采纳与扩散进行研究；对已有文献的研究内容及其研究方法的分析，为本文选择合适的研究方法提供了指导与依据。

2.6.2 不足之处

关于新能源汽车采纳和扩散的研究虽然受到了越来越多的关注，但由于新能源汽车进入市场的时间尚短，相关研究也处于探索阶段，研究问题较为零散，尚未形成系统的体系，存在着一些不足之处。

（1）已有相关文献分别从产品视角和顾客视角对新能源汽车的采纳与市场扩散进行研究，将两个不同层面的并行过程割离了，无法对其中的复杂机制进行全面分析。基于产品视角的新能源汽车采纳影响因素研究，主要关注新能源汽车属性对顾客采纳行为的影响；基于顾客视角的新能源汽车市场扩散研究，主要关注市场宏观特征的变动情况（创新采纳者与模仿者数量的变动以及群体交互），忽略了微观机制的分析。然而，采纳主体的行为差异均源自其对新能源汽车属性感知的差异，从而引起采纳群体的交互行为。微观层面的采纳与宏观层面的扩散存在着新能源汽车与采纳主体、采纳主体与市场环境之间的信息反馈，需要以一个综合的视角进行分析。

（2）关于新能源汽车采纳行为影响因素的研究存在矛盾结论，其原因或影响因素的作用机理仍有待研究。从新能源汽车采纳研究的文献综述可以看出，关于顾客特征、政策环境等因素与新能源汽车采纳行为关系的研究存在着矛盾的结论，各因素之间的确切关系仍未建立。一方面，新能源汽车的市场扩散是一个动态系统，系统要素如新能源汽车的属性将随着技术发展而变化，充电桩等基础设施的数量也在日益增加；而要素的变化也将影响着系统的状态，如市场结构的变动。因此，新能源汽车市场扩散系统的动态性是采用静态数据的实证方法所难以处理的。为此，本文将建立系统动力学模型，分析长周期内影响因素动态变化下顾客的采纳行为模式及新能源汽车市场扩散的演进过程。另一方面，新能源汽车的市场扩散是一个复杂系统，包含的多个影响因素存在着交互作用以及信息反馈，而已有研究所采用的实证方法与量化模型皆假设各个因素之间相互独立，且选取的因素相对零散，难以捕捉系统内部的复杂机制，从而对于因素的作用得出了不一致的结论。因此，本书将从整体角度对各类影响因素进行"组态分析"，找出决定影响顾客采纳的前因条件组合，并给出综合考虑各类因素的市场扩散策略。

（3）精确量化模型难以刻画顾客的模糊感知[165, 166]。大部分已有相关文献均采用精确的量化模型来刻画顾客对新能源汽车各个属性的偏好及整体接受程度，但由于顾客的有限理性以及对新能源汽车这一新产品的低认知度，难以对价格高低、充电便利性等感知给出精确的数值。因此，本书将使用模糊逻辑刻画顾客的模糊感知，并结合定性比较分析、系统动力学等方法，使分析逻辑与仿真模型更加符合现实。

（4）关于新能源汽车采纳与扩散研究的研究方法相对单一，难以对研究问题进行全面深入的分析。已有关于顾客对新能源汽车采纳的研究主要采用实证研究方法识别影响采纳行为的因素；部分新能源汽车市场扩散的研究虽然采用了建模仿真的方法，但更多从宏观层面观察新能源汽车扩散的过程，并未考虑如顾客感知等微观层面的因素。总体而言，已有研究所采用的研究方法未能针对新能源汽车市场扩散系统的动态性、复杂性以及顾客感知的模糊性，对影响因素的作用机理与扩散机制进行全面深入探讨。因此，本书将根据研究目标与研究问题的具体需要，结合系统动力学，基于模糊集的定性比较分析、模糊逻辑与情景实验法开展相关研究工作。

2.7 本章小结

本章对新能源汽车采纳与扩散相关的文献进行了检索，并从影响顾客对新能源汽车采纳的因素、新能源汽车扩散模型等方面进行了详细的综述，概括如下：

（1）简述了相关文献的检索情况，并对新能源汽车采纳与扩散的研究趋势进行分析；

（2）总结分析了新能源汽车采纳与扩散文献的具体研究方向；

（3）总结和分析了与顾客特征、新能源汽车属性和政策环境三类新能源汽车采纳影响因素相关的研究结论，明晰了三类因素的联系，为后续研究提供了理论依据；

（4）从研究方法、研究内容两个方面总结和分析了与新能源汽车扩散相关的研究；

（5）总结了已有相关文献的主要贡献与不足之处。

通过本章对已有相关文献的综述，更加明确了本书的研究意义，并通过对文献的梳理，找到与本书内容相关的理论依据，为后续研究奠定了理论基础。

第 3 章　新能源汽车市场扩散系统分析

上一章是对新能源汽车采纳与扩散研究的综述，加深了对新能源汽车采纳行为影响因素及其市场扩散在理论层面的认识。本章将在此基础上，为后续建立符合理论与实际的基于顾客采纳行为的新能源汽车市场扩散模型提供理论分析、方法与数据支持。3.1 节将结合技术采纳与扩散理论，从复杂系统视角对新能源汽车市场扩散系统框架进行分析，明确系统的边界、识别并分析系统的主体及要素，为后续仿真建模和组态分析提供理论分析与研究框架。3.2 节则根据 3.1 节的分析，结合新能源汽车市场扩散系统和研究问题的特点，确定系统建模方法并分析其适用性。3.3 节根据研究需要，采用情景实验法对不同类型顾客关于新能源汽车属性与政策的偏好，以及顾客的采纳态度进行调查，为后续研究的模型参数设置以及组态分析提供数据支持。

3.1　新能源汽车市场扩散的系统框架分析

根据上一章的分析，可以发现新能源汽车的市场扩散是个体顾客的采纳行为通过口碑传播等社交效应相互影响从而形成的宏观层面的过程，其中个体顾客的采纳行为受到了多个层面因素，以及因素之间复杂关系的影响，符合复杂系统元素众多、存在强烈耦合作用、自适应、非线性等特性[167, 168]。因此，作为社会科学领域的一种崭新研究范式，基于复杂系统理论的建模分析逐渐成了新能源汽车扩散研究的前沿方法。将新能源汽车市场扩散看作一个复杂系统，研究整个动态系统中的多个因素及其复杂关系，并通过调整对应的模型参数模拟各种情景下的扩散规律，从而探索扩散过程的微观机理[169, 170]。因此，本书将以复杂系统的视角，基于顾客采纳行为对新能源汽车市场扩散的动态机制进行探讨。在开展相关研究前，我们需要明确系统的边界、主体、要素及其复杂关系，为构建新能源汽车市场扩散的动态模型，以及组态分析模型提供理论分析。

3.1.1 新能源汽车市场扩散系统边界

由于新能源汽车处在一个复杂的市场环境中,其扩散受到了众多因素的影响,为了使本书的研究更具针对性与明确性,研究需要对系统边界进行约束,以便将研究重点聚焦于系统发展的关键阶段以及主要的可控因素上。

1. 地域边界

由于经济与文化的差异,世界各国影响新能源汽车发展的因素以及因素之间的关系也不尽相同,难以用统一标准来衡量;且本书关于顾客偏好的情景实验均在国内进行。因此,模型主要针对中国汽车市场情景进行构建,所涉及的常量数据均采用中国地区的数据。

2. 时间边界

本研究将新能源汽车市场扩散系统的起止时间边界定为 2013 年和 2043 年,具体原因如下:

(1) 新能源汽车虽然在 20 世纪 90 年代初期受到政府和汽车企业的关注,但一直处于研发阶段。直至 2010 年新能源汽车才正式进入市场并呈现较好的发展趋势,2013 年以后与新能源汽车相关的各项数据更为完整。为了能够对模型进行系统行为方面的检验,笔者将 2013 年作为仿真起始时间。

(2) 荷兰、德国、英国等大力发展新能源汽车的国家陆续宣布将在 2025—2040 年间禁售燃油汽车;丰田汽车也计划在 2050 年停售燃油汽车;我国也在计划限制燃油汽车产能并研究燃油汽车的禁售时间表。因此,近 30 年是新能源汽车发展最为关键且充满市场竞争的阶段。

3. 市场边界

为了使系统模型结构更加清晰,重点更加明确,这里对复杂的汽车市场设置以下边界:

(1) 市场内只考虑新能源汽车(以纯电动汽车为代表,不再对新能源汽车类型进行区分)与燃油汽车两类汽车。从国家相关政策的指导方向以及目前的新能源汽车产销情况来看,均以纯电动汽车作为新能源汽车的发展重点。对新能源汽车产业发展产生重要影响的《节能与新能源汽车产业发展规划(2012—2020年)》中明确指出"以纯电驱动为新能源汽车发展和汽车工业转型的主要战略取向";在产业发展方面,我国 2010—2023 年纯电动汽车的销量占新能源汽车销量的 79.8%[①]。

---

① 资料来源:International Energy Agency (IEA) 发布数据,https://www.iea.org/data-and-statistics/data-tools/global-ev-data-explorer。

（2）根据研究问题与研究目的，本研究考虑的是私人用车领域的新能源汽车市场扩散，不包括政府、公司等组织的采购。

（3）新能源汽车的潜在采纳者为具有购车能力与意愿的顾客。

（4）新能源汽车的产能能够满足顾客需求。根据研究目的可知，本书关注于新能源汽车属性、顾客特征、政策环境等因素对系统行为的影响，供给能力等与供应链制造、销售环节相关的因素将作为控制变量。此外，根据图3-1的数据可知，近年来我国新能源汽车的库存量均大于销量，即汽车企业能够较好地满足销售需求。

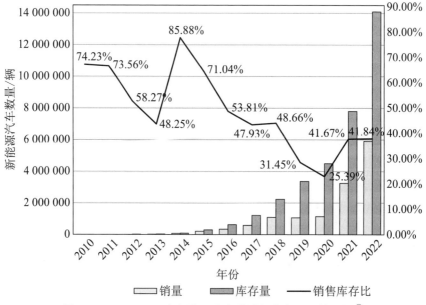

图3-1 2010—2022年新能源汽车销量与库存量及其比例[①]

3.1.2 新能源汽车市场扩散系统的主体

根据已有相关理论，在技术采纳与扩散系统中，通常涉及潜在采纳者、技术产品本身、市场或社会三大主体[171]。对于新能源汽车的市场扩散而言，其系统主体则是潜在购车顾客、新能源汽车和汽车市场。各个主体之间存在着复杂的联系并通过不同的效应从不同的层面作用于系统行为，具体如图3-2所示。

---

① 资料来源：International Energy Agency (IEA) 发布数据，https://www.iea.org/data-and-statistics/data-tools/global-ev-data-explorer.

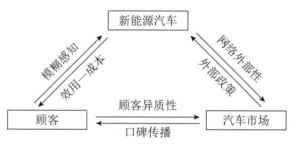

图 3-2 新能源汽车市场扩散系统的主体

（1）基于顾客决策的"效用—成本"分析原则，新能源汽车作为新技术产品本身，其作为汽车所具有的属性或区别于传统汽车所特有的属性能够为顾客带来一定的效用，是顾客决策考虑的关键因素[71]。要解决新能源汽车在私人领域的推广瓶颈问题，就需要深入分析长周期内新能源汽车属性的变化对顾客采纳行为与市场扩散的动态影响，尤其是在顾客对于陌生事物存在模糊感知的情况下，新能源汽车属性对系统行为的作用机理。

（2）根据已有关于顾客异质性的研究可知，不同的顾客可能由于学历、经历等原因将对新能源汽车的同一属性产生不同的感知与偏好，从而导致不同的采纳行为[110, 73, 72]。从宏观层面看，当市场中具有不同类型的采纳群体时，采纳主体通过口碑传播影响着其他顾客（再次采纳者与潜在采纳者）的采纳行为，从而对市场扩散模式存在着重要影响。

（3）一方面，汽车市场是新能源汽车扩散所在的环境，存在着政府政策等外部因素的影响；另一方面，它也是系统扩散状态的体现，与系统要素之间存在信息的反馈。政府通过在汽车市场中使用特定措施或进行财政补贴，影响着新能源汽车属性的变化，进而影响顾客的采纳行为[74, 75]。其中，牌照免竞拍等政策对新能源汽车的市场扩散存在着网络外部性的影响，相关政策的效用将随着市场规模的扩大而变化，从而影响顾客对新能源汽车的效用感知[172-174]。此外，随着新能源汽车在汽车市场的扩散，市场规模的扩大将有效降低顾客的采纳成本并提高新能源汽车的效用，如规模经济导致的新能源汽车成本下降、商业投资增加所带来的技术发展以及设施完善。

3.1.3 新能源汽车市场扩散系统要素分析

在分析不同系统主体对系统行为的影响时，需要考虑不同层面的系统要素以及要素间的联系。本小节将根据系统主体属性及其发展现状对系统要素进行识别和分析。

1. 新能源汽车属性要素

从"成本—效用"的角度分析,顾客所关心的新能源汽车属性包括性能表现、生命周期成本和充电便利性。

(1)性能表现:由于新能源汽车属于新兴技术产品,其作为汽车的性能表现会最先受到大众的关注。新能源汽车的性能包括新能源汽车的安全性、续航里程、动力性能以及信息通信技术所带来的智能驾驶系统、社交商务等相关应用。根据1.1.1节关于新能源汽车发展现状的分析可知,目前新能源汽车的安全性已具备一套系统的监测规范,确保了市场上新能源汽车车型的安全性;最高时速、百公里加速时间等动力性能的指标也能够满足一般顾客的驾驶需求。因此,在安全性得到保障、动力性能与燃油汽车相当的情况下,顾客的关注点便转向了其他性能。

① 续航里程:目前大部分新能源汽车的续航里程可达300公里以上,虽然能够满足人们日常通勤用车需求,但距离顾客预期的500~700公里仍有较大差距;此外,新能源汽车技术依然处于快速发展阶段,续航里程在长周期内处于变动较大的状态。

② 网联化技术的应用:网联化技术的应用将赋予新能源汽车新的属性,如利用车载互联网,将所有的新能源汽车打造成一个社交网络,利用实时定位信息,实现充电、用车共享等商业模式,为顾客提供传统汽车所不具备的社交效用。

(2)生命周期成本:在确保了新能源汽车性能可以满足需求后,顾客也十分关注新能源汽车的生命周期成本,其中包括购置成本和使用成本。在面对不同替代品时,顾客习惯于将新能源汽车与燃油汽车进行对比,从而选择性价比最高的一项。下面将对新能源汽车与燃油汽车存在明显差异的成本要素进行说明。

① 汽车价格(购置成本):汽车售价与续航里程呈现明显的正相关,续航里程高的新能源汽车价格也相对较高。在汽车价格加上相关税费后,尤其是国外汽车加收关税后,新能源汽车在价格方面的竞争优势并不明显。

② 相关购置税费(购置成本):新能源汽车的购置税费与燃油汽车相同,购置税费用与汽车价格成正比,即汽车价格越高,购置税越高。

③ 充电费用与燃油价格(使用成本):由于新能源汽车使用的动力能源为电力,因此其充电费用与燃油汽车的加油费用存在较大差别。由于汽油价格呈上涨趋势,新能源汽车的充电费用相对优惠,节省的具体费用因汽油价格的浮动而变化。

此外,维修成本和年度保险税费虽然也属于汽车的使用成本,但维修费用更多取决于驾驶者的使用情况和驾驶习惯，而新能源汽车的保险费用计算规则与燃油汽车相同，因此使用新能源汽车与燃油汽车在这两项费用上的支出差异较小。

（3）充电便利性：除了性能表现与成本要素，新能源汽车的使用需要充电设施、电网整合等配套实施的支持。其中，充电设施的充电时间和数量、分布广度将严重影响新能源汽车的充电便利性。虽然充电设施并不属于新能源汽车技术本身，但基于顾客对于新能源汽车续航里程的担忧，充电便利性也被视为新能源汽车的兼容属性，影响着它给顾客所带来的效用[107]。

① 充电时间：目前市面上的大部分新能源汽车都以插充方式提供电力，插充包括快充与慢充两种模式。慢充的时间相对较长，一般为 6～9 个小时，多应用于家用充电情景。快充模式通常是指在较短的时间内给新能源汽车电池充电 50%～80%，一般为 20～40 分钟，多适用于公共场合的短时间停放充电。与燃油汽车 5 分钟左右的加油时间相比，新能源汽车的充电时间在一定程度会给车主用车带来不便。

② 充电设施数量及分布：目前新能源汽车充电设施建设主要依靠各国政府的资金投入，根据 1.1.1 节提及的相关数据可知，2023 年我国虽建有充电基础设施 859.6 万台，但由于设施分布不均且部分设施非完全公用，充电问题依然是新能源汽车采纳与扩散的主要障碍之一。在充电设施的分布上，各国有着不同的部署。美国由于高速路网络发达，充电设施主要分布在高速路沿线的服务站；英国则按照加油站网络布局发展，在原有的加油站加设充电桩；日本由于旅游业发达，其充电设施主要分布在城市间高速路、著名的旅游景点和商场等公共场所；我国则设立了新能源汽车示范城市，充电设施也主要分布在示范点，同时还将住宅、公共停车场视为充电设施的主要建设地点，并且制定了相关法规。

（4）ICT 等网联化技术的应用：在智能信息技术的发展及国家关于智能网联汽车的政策指引下，新能源汽车也在逐步往智能化、网联化的方向发展。百度、阿里巴巴和腾讯（BAT）这三家互联网巨头也开始涉足新能源汽车行业，并投入了超过 2 亿美元来打造"互联网汽车"生态系统，拟将新能源汽车改造成新一代的智能终端系统。腾讯与广汽集团有限公司携手推出 iSPACE 概念新能源汽车，其"AI in car"智能电子系统融合了移动网络、地理信息系统、人工智能和社交媒体等新技术。具备了先进的网联化技术和不断增长的汽车网络后，新能源汽车将输出大量的用户生成内容、实时信息以及实时定位等数据，它们具有很大的潜在商业价值，将带来大量的商业模式创新机会[175, 176]。因此，作为下一代移动智能终端的新能源汽车，将给使用者带来传统汽车所不具备的效用。

由于顾客习惯在决策时对比替代产品的效用与成本，本书将燃油汽车与新能源汽车差异较大的因素作为系统要素，即续航里程和充电时间、网联化技术应用、购置成本和与能源费用相关的使用成本以及充电便利性[46]。

2. 顾客特征要素

Moons 和 De Pelsmacker（2012）、Liu 和 Wu（2018）、Sovacool 等（2019）等关于购买决策的研究指出顾客特征是影响其决策的重要因素之一，具体主要包括了客观的人口统计变量和主观的偏好与感知[6, 119, 116]。

（1）客观的人口统计变量。影响顾客采纳决策的人口统计变量有很多，下面将结合新能源汽车所具有的特征，识别影响顾客采纳决策的人口统计变量。

① 性别和年龄：由于缺乏足够的了解与使用体验，新技术/产品常被顾客视为具有一定风险的技术/产品，所以对其通常持有怀疑态度，而不同性别和年龄的顾客对风险的承受能力不一样，从而影响他们对于新能源汽车采纳的态度[177, 178]。

② 收入：新能源汽车对大部分顾客而言属于高价格产品，对顾客的购买能力具有一定要求。顾客收入水平越高则对产品价格的容忍程度也相对越高[88]。因此，本书认为顾客的收入水平对新能源汽车采纳有明显的影响。

③ 受教育程度：顾客的受教育程度与收入水平也存在一定的联系，从而影响着顾客的购买决策。但受教育程度还通过两个不同的方面影响顾客对新能源汽车的采纳决策。一方面，受教育程度越高，越容易了解和熟悉新技术/产品的作用原理和使用方法；另一方面，受教育程度较高的顾客具有较高的社会责任心和环保意识，更有可能购买新能源汽车这一绿色交通工具[5, 123]。

（2）主观的偏好与感知。顾客在进行采纳决策时将综合考虑新能源汽车性能表现、价格，甚至配套设施等各个方面的因素，对不同因素的自身偏好以及实际感知将影响着顾客的采纳态度[179]。

① 驾驶经验：Bettman 和 Park（1980）等研究指出顾客的偏好会受到其个人经历等因素的影响[180]。其中，顾客的驾驶经验被 Struben 和 Sterman（2008）、Rauh 等（2020）研究证实与顾客对新能源汽车的采纳意愿相关[8, 94]。由于新能源汽车的性能表现与燃油汽车存在一定差异，对燃油汽车驾驶者而言，使用新能源汽车时需要在驾驶习惯上做出一些调整，因此对其性能要求可能更加严苛。

② 顾客感知：顾客的主观偏好反映了其采纳决策所关注的因素以及对该因素的期望，将对新产品的感知与期望进行对比最终可得出采纳决策[46]。经典经济学理论中，假设人类是完全理性，因此多使用精准的量化模型刻画顾客感知；而在行为经济学中，假设人类是有限理性，无法获取所有信息并进行精准计算，

对产品的感知与实际存在差异；尤其对于认知程度较低的新兴产品，其实际感知难以使用精确数值进行表达。在这两个假设下，顾客对技术/产品的感知差异将导致不一样的采纳决策。

从上述对顾客属性的分析中，可以看出顾客存在一定的差异性，不同顾客群体在新能源汽车采纳决策中会考虑不同的因素并分配不同的权重。当市场上存在不同的顾客结构时，采纳行为的差异对新能源汽车的扩散模式将存在一定的影响。

3. 政策因素

由1.1.1节可知，与个体顾客密切相关的新能源汽车政策包括了支撑性政策、激励性政策和限制性政策，具体如表3-1所示[2]。其中，研发投入与充电设施建设等支撑性政策虽然不直接作用于顾客，但通过促进新能源汽车技术的发展、提高充电便利性能够有效降低造车成本与提高效用，是影响成本与性能变动的主要原因之一；购车补贴、税费与相关费用减免等货币类激励性政策将直接作用于新能源汽车的生命周期成本，影响着顾客的采纳决策；提供专用车道、专用停车位等非货币类激励性政策则通过提高新能源汽车的购买与使用便利性，影响着顾客的采纳行为；牌照免竞拍是由于实行燃油汽车限购而衍生的新能源汽车推广政策，在降低新能源汽车购置成本的同时也提高了购买便利性。

表3-1 新能源汽车推广政策及其作用

政策类型	政策	作用
支撑性政策	研发投入	降低新能源汽车造车成本、提高新能源汽车性能效用
	充电设施建设	提高新能源汽车的充电便利性
货币类激励性政策	购车补贴	降低顾客购买新能源汽车的成本
	税费减免	
	充电费用优惠	降低顾客使用新能源汽车的成本
	停车费减免	
非货币类激励性政策	提供专用车道	提高使用新能源汽车的便利性
	提供专用停车位	
限制性政策	牌照免竞拍	降低新能源汽车购置成本并提高购买便利性

3.2 系统模型构建方法

本书将根据研究问题特点与上述系统分析，分别构建考虑顾客模糊感知、市场结构与政策环境的动态模型,深入分析基于顾客采纳行为的新能源汽车市场扩散机制。针对新能源汽车市场扩散系统的复杂性、动态性,本书将选用系统动力学作为构建研究模型的主要方法,并在本章里对方法的特性、使用性及应用软件进行介绍与分析。

此外,针对顾客的模糊感知以及系统要素的复杂关系,本书将分别结合情景实验法、模糊逻辑与 fsQCA 等方法进行模型构建以及综合策略分析。为了更好地体现这些方法的适用性,相关的介绍与分析将在对应章节中结合具体问题进行阐述。

3.2.1　系统动力学的基本特性分析

系统动力学于 1950 年由麻省理工学院 Forrester 教授提出,是基于系统论并结合了信息论和控制论的综合学科,主要用于研究信息反馈系统,认识和解决复杂系统问题[181]。随着相关理论的不断完善,系统动力学的应用范围也越来越广,多应用于生态、社会经济、工程、管理等领域的研究[182]。

建立系统动力学模型首先需要根据研究目标,运用系统动力学的相关理论对研究对象的内部结构与关系进行分析;其次,将影响系统运作的各个因素抽象成不同的子模块,并确立模块之间的反馈机制;最后,建立变量之间的数学关系,对系统动力学模型进行仿真分析。其中,因果关系图与系统流图是系统动力学中用于分析和描述系统的主要工具。

1. 系统动力学所用的主要工具

(1) 因果关系图。因果关系图用于反映系统各变量间的因果关系,帮助我们整理思路并分析系统中的反馈关系,是系统模型构建的基础。当部分变量因相互之间的关系连接形成首尾相连的状态时,就会形成反馈回路。反馈回路包括正向反馈和负向反馈,当回路首端变量的增加(减少)通过回路作用最后增加(减少)时,这个反馈回路为正向反馈,反之为负向反馈。

(2) 系统流图。系统流图是基于因果关系图建立的,通常用于细化每个模块间的关系,它能够用较为直观的形式表达变量间的数学关系。流图由存量、流量以及两者之间的关系所组成。其中,存量是系统变量的积累,体现了系统的状态,也为决策提供信息支持;流量则体现存量的时间变化,即系统资源的流入与流出。

2. 系统动力学模型的特点

(1) 系统动力学属于结构模型,帮助我们充分认识和分析系统的结构。通过分析系统中各变量之间构成的因果关系、信息反馈,有助于梳理我们的思路,从复杂现象中寻找现象发生的内在原因，从而推断系统行为，而不只是从数据研究来分析原因。

（2）系统动力学可以很好地处理延迟现象。在现实情境中，延迟现象十分常见，也是动态系统复杂的原因之一。系统动力学中所设置的延迟函数能够很好地模拟复杂系统中的物质和信息的延迟，从而使模型更加符合现实系统。

（3）系统动力学模型可以处理现实系统中变量之间多样的复杂关系，如非线性、高阶次的关系和多重循环反馈。

（4）系统动力学通过人的理解分析建立系统模型，并利用计算机的强大计算和跟踪能力对系统进行仿真，两者的结合可使我们获取更多关于系统的信息，帮助我们从多个备选方案中选择最优方案或次优方案。

3.2.2　系统动力学的适用性分析

结合系统动力学的特点，下面将分析系统动力学在本书中的研究适用性：

（1）系统动力学能够建立描述系统动态行为与演变过程的仿真模型，更好地体现新能源汽车市场扩散系统的动态性。新能源汽车的市场扩散是一个长周期的过程，系统内的要素随时间以及系统信息反馈而发生变化，如技术要素将随着技术发展而变化、基础设施数量也会随着投入资金和市场规模增长而增加。通过使用流量与存量对新能源汽车市场扩散系统中采纳者、基础设施等重要变量的状态进行记录，能够帮助我们发现和分析顾客采纳行为的模式和新能源汽车市场扩散的机制。

（2）系统动力学能够更好地厘清新能源汽车市场扩散系统的内部复杂关系。整个新能源汽车市场扩散系统涉及顾客特征、新能源汽车属性、政策环境等多个层面的因素，而且因素之间存在相互作用以及多重信息反馈。如果使用实证分析，将要处理大量的数据项且难以发现系统行为发生的内在原因。系统动力学则着重于分析系统结构与因果反馈，有助于分析新能源汽车市场扩散系统的内部机理。

（3）系统动力学能够更好地处理新能源汽车市场扩散系统中的非线性、延迟等变量关系。系统中各要素间的关系不全是线性的、即时的，如潜在采纳者的增长通常是指数增长；网络外部性的影响会随着网络规模大小而变化，形成一个分段函数；研发与基础设施政策的效用也存在一定的延迟。而系统动力学可以很好地处理这一类问题，用于发现和分析系统的一些反直观性与惯性行为。

（4）系统动力学能够在数据缺失的情况下进行研究。系统动力学的结果取决于系统内部的因果关系和信息反馈机制，而不是完全依赖于历史数据。新能源汽车是一种新型的产品，所能获取的公开数据较少，而且顾客的实际采纳行为数据也是难以测量的。此外，对于新能源汽车市场扩散这种存在多重循环反馈的复杂系统，对于大部分的参数敏感度不高。使用系统动力学建模可以对模型进行仿真，通过设定仿真参数，由因果关系观察和推测系统的演进行为。

（5）系统动力学能够有效解决新能源汽车推广政策的策略制定问题。面对政府投入巨大与市场扩散缓慢的投入与产出不对等问题，分析政策制定策略，向政府提供政策制定建议成了本书的主要研究目标之一。系统动力学被称为"战略与决策实验室"，解决了政策效果难以进行实验验证的问题，通过仿真分析，可以让我们看到不同情景下的系统行为，有助于更好地提高政策效用[182]。

3.2.3 系统动力学建模工具

为了方便系统动力学模型实现大数据量的仿真，涌现了大量的计算机辅助技术，其中由美国 Ventana Systems 公司所研发的 Vensim 仿真软件就是系统动力学的主流应用软件[12]。该软件适用于 Windows 和 Macintosh OSX 操作系统，并具有以下优点：

（1）实现了系统动力学仿真建模的可视化。

（2）实现了分析结果的图表化和文件化。

（3）提供用户友好界面，便于操作。

（4）提供多种运算函数，能够处理非线性、延迟等复杂运算。

（5）提供变量因果分析、循环反馈分析等多种分析工具，便于了解系统结构与变量关系。

（6）提供单位一致性、模型真实性等检验工具，以确保模型的有效性与合理性。

3.3 顾客对新能源汽车属性、政策的偏好及采纳态度调查

本节将采用情景实验法对不同类型顾客关于新能源汽车属性与政策的偏好以及顾客的采纳态度进行调查，为构建基于顾客采纳行为的新能源汽车市场扩散动态模型，以及进行基于组态分析的市场扩散综合策略研究提供数据支持。

3.3.1 情景实验法

情景实验法是社会科学研究中常用的行为实验方法之一，被广泛应用于行

为运营管理和市场营销等管理科学领域,尤其是与顾客偏好以及决策过程相关的研究[13, 183-185]。该方法通过模拟某一特定的情景,让实验被试代入情景中的某一角色,进而回答相关问题或进行某些操作[186]。情景实验法相对于传统问卷调查、田野调研等研究方法,具有以下优点:

(1) 可以有效控制实验条件,排除现实情景中其他干扰因素的影响,使得实验结果的内部效度更高[187]。

(2) 通过对现实情景进行模拟,让被试更好地感知实验情景与相关实验条件,从而获取被试较为真实的情景反应;即使是被试曾经经历的情景,该方法也能避免被试因为时间流逝对实际情景的理性化与记忆偏差[188]。

情景实验法正是具备上述优点,因而适用于获取顾客对新能源汽车属性与政策的偏好,原因如下:

(1) 本书的研究涉及了顾客特征、新能源汽车属性、政策环境等多个层面的因素,一方面,导致了研究需要分析的因素组合数量众多,难以在现实中找到具备这些因素组合的所有情景以及对应的被试;另一方面,这些因素(如新能源汽车的价格、续航里程等属性、不同政策组合的实施)在一定时期内是相对稳定的,所以研究者在现实中无法对此做出调整和控制。因此,情景实验法可以通过合理的实验设计,获取不同实验条件下的顾客偏好数据。

(2) 虽然新能源汽车在汽车技术领域已经历了数十年的发展,但对于顾客而言仍是一个相对陌生的概念,大部分顾客对新能源汽车目前的真实性能或相关政策并不了解,在这种情况下,单纯的问卷调研难以获取顾客的真实偏好。这就相当于 2005 年 iPhone 刚面世时,超过 90% 的被访顾客表示不可能花费 500 美元购买一台所谓的"智能手机"[189]。因此,为实验被试设置特定的购车场景并模拟信息搜索的过程,可以使他们更好地投入到实验任务中,这对获取其真实反应是十分必要的。

3.3.2 实验目的

关于顾客偏好与采纳态度的调查共包括两个情景实验:

实验一:测量顾客对新能源汽车属性、各类政策的偏好程度,以及顾客年均行驶里程等动态模型所需的变量参数。

实验二:关注不同类型顾客在不同的条件(新能源汽车性能表现、政策环境)下的采纳意愿,收集用于进行组态分析的案例样本。

3.3.3 实验被试

（1）实验一的被试对象为华南理工大学 MBA 在读学生，共 90 人，其中女性 31 人，男性 59 人。被试的年龄范围为 20～50 岁，正是处于需要购车或者换车的年龄段；同时，被试均具有个人收入，具备一定的购车能力。因此，我们认为被试能够较好地代表当前购车主力群体。我们将在结果分析部分展示有效数据中被试的年龄、收入、学历等背景信息的统计描述。

（2）实验二通过在微信、QQ 等平台发布信息进行招募，共 98 人，其中女性 50 人，男性 48 人。被试年龄范围为 20～60 岁，收入范围为 0～20 000 元，学历则在高中毕业到博士毕业之间，并包括具有丰富驾驶经验和无驾驶经验的被试。被试在上述特征中的涵盖范围较广，能够覆盖较多的顾客属性组合。同样，有效数据中被试背景信息的统计描述将在后续结果分析中展示。

需要特别说明是，实验一需要获取动态建模中潜在采纳者的相关参数，所以实验被试需要具有一定的购车意愿与购买能力。实验二是为了进行综合考虑顾客特征、新能源汽车属性和政策的组态分析，得出涉及不同类型顾客采纳行为的前因条件组合，所以需要更大范围的被试年龄、学历、收入等数据。

3.3.4 实验设计

1. 研究假设与实验变量设计

（1）实验一用于获取后续系统建模研究所需的变量参数。因此，实验一将依据 3.1 节中新能源汽车市场扩散系统框架分析及后续研究的模型假设进行设计。具体实验假设如下：

① 顾客对新能源汽车属性的偏好将影响其采纳意愿，这里选取新能源汽车价格、续航里程和充电便利性三个在已有文献中被认为影响最为显著的汽车属性作为实验中代表新能源汽车属性的条件变量。

② 顾客对新能源汽车政策的偏好将影响其采纳意愿，结合已有文献结论与各地区的新能源汽车政策，实验选取购车补贴、购置税减免、充电费用优惠、停车费优惠、牌照竞拍价格（对应新能源汽车牌照免竞拍政策）五项政策作为实验中新能源汽车政策因素的条件变量。

此外，我们选取顾客在对应条件变量下的采纳意愿作为衡量顾客对这些属性与政策偏好的输出变量，并将每个条件变量划分为高、中、低或全部减免、部分减免等若干个等级（划分的等级对应该变量在相关研究中的模糊语言值），具体如表 3-2 所示。实验一所用到的问卷将根据不同条件变量的各个等级设计对应的问题，询问顾客在对应条件变量下的采纳意愿，详细问卷请。

表 3-2 实验一的变量等级划分与取值

实验条件变量	等　　级	对　应　取　值
价格	（低，中，高）	（比燃油汽车便宜，与燃油汽车价格相同，比燃油汽车贵）[a]
续航里程	（短，中，长）	（200，400，500）
充电便利性	（低，中，高，较高）	（不太容易找到，基本可以找到，容易找到，到处都是）[b]
购车补贴	（低，中，高）	（10 000，30 000，60 000）
牌照竞拍价格	（低，中，高）	（0～20 000，20 000～60 000，60 000～100 000）
购置税减免比例	（低，高）	（50%，100%）
充电费用优惠	（低，高）	（0，792）[c]
停车费减免比例	（低，高）	（50%，100%）
顾客采纳意愿	衡量顾客对这些属性与政策偏好的输出变量，取值范围 [0, 1]，0 表示完全不愿意购买新能源汽车，1 为非常愿意购买新能源汽车	

注：a. 由于每位顾客的购车预算不同，因此采用与燃油汽车相比较的方式表述新能源汽车价格水平。
　　b. 被试难以感知具体的充电设施数量所对应的充电便利性。
　　c. 参考广州市电价以及相关优惠政策计算而得。

（2）实验二主要用于第 7 章组态分析的数据收集，因此也将根据该章研究假设进行设计。实验假设为顾客对新能源汽车的采纳态度是顾客特征、新能源汽车属性与相关政策等因素共同作用的结果。

根据这一假设，我们需要获取不同被试在不同的新能源汽车属性和政策组合下对新能源汽车的采纳意愿。首先我们需要结合 3.1 节的系统框架分析，确定代表假设中三类因素的具体变量。这里选取年龄、性别、收入、学历以及驾驶经验作为实验中代表顾客特征的条件变量；新能源汽车属性的实验变量选取将与实验一一致；政策环境相关的实验变量则在实验一的基础上添加"提供专用车道"和"提供专用停车位"两项非货币类激励性政策；实验的结果变量为顾客在不同条件变量的组合下对新能源汽车的采纳意愿。同样，我们对实验条件变量做出不同等级的划分。

实验二的问卷则根据上述变量以及后续的组态分析所涉及的条件组合进行设计。由于实验涉及的变量以及变量等级较多，即使在不考虑顾客特征变量的情况下，逻辑组合也多达 59 049 项。实验难点在于我们难以寻找 59 049 名被试分别给出在 59 049 不同条件组合下的新能源汽车采纳意愿。为了使样本案例间尽可能覆盖较多的逻辑组合，本书在实验设计时进行了以下操作：

① 实验中只考虑新能源汽车属性与政策环境变量的逻辑组合，通过将被试年龄、性别等特征的分布控制在合理范围内来尽量覆盖顾客特征的逻辑组合。

② 将政策划分为大额激励性政策（购车补贴）、限制性政策（牌照免竞拍）、小额激励性政策（购置税减免、充电费用优惠、停车费减免）和非货币类激励性政策（提供专用车道与停车位）四类，并对整体政策强度进行等级划分，形成表 3-3 中的九项政策组合，对应九份问卷（详见附录 1）中顾客面临的政策组合。

表 3-3　实验二的政策组合

政策	大额激励性政策	限制性政策	小额激励性政策			非货币类激励性政策	
	购车补贴	牌照免竞拍	购置税减免	充电费用优惠	停车费减免	提供专用车道	提供专用停车位
1	10 000 元	10 000 元	0%	0%	0 元	不提供	不提供
2	20 000 元	10 000 元	50%	50%	720 元	不提供	不提供
3	30 000 元	10 000 元	100%	100%	1 200 元	不提供	不提供
4	10 000 元	30 000 元	0%	0%	0 元	限时提供	限时提供
5	20 000 元	30 000 元	50%	50%	720 元	限时提供	限时提供
6	30 000 元	30 000 元	100%	100%	1 200 元	限时提供	限时提供
7	10 000 元	50 000 元	0%	0%	0 元	不限时提供	不限时提供
8	20 000 元	50 000 元	50%	50%	720 元	不限时提供	不限时提供
9	30 000 元	50 000 元	100%	100%	1 200 元	不限时提供	不限时提供

③ 每一份问卷具有一个特定的政策组合，顾客需要在这一政策组合下，回答九个关于其对新能源汽车采纳意愿的问题，这九个问题分别对应三项新能源汽车属性组合，即被试填写一份问卷便可获取 27 个案例，从而扩大样本案例对逻辑组合的覆盖率。

2. 情景操控与前测

正式实验之前，将通过操控检验来考察不同实验条件的操纵效果[190, 191]。具体操作与结果如下：

（1）为了测量顾客对于不同新能源汽车属性以及政策的偏好，实验一将在问卷中给出不同的新能源汽车属性水平和政策组合，它们代表着不同的实验情景。为了检验相关情景描述对实验变量水平操控的有效性，即表 3-4 中变量设置与操控目标是否一致，实验一的预实验选取了 40 名 MBA 学生作为实验被试。首先，让每位被试阅读表 3-4 中的新能源汽车性能与政策说明以及对应的水平级别；然后让被试判断每一项说明与对应水平级别是否一致。结果显示，实验问卷中设置的变量参数与操控目标的一致性均达到 90% 以上，可认为实验一的情景操控是有效的。

表 3-4 实验一的变量说明与操纵目标

变 量	变 量 说 明	操 控 目 标
购车补贴	给予新能源汽车购车补贴 1 万元	低激励程度
	给予新能源汽车购车补贴 3 万元	中等激励程度
	给予新能源汽车购车补贴 6 万元	高激励程度
汽车购置税	新能源汽车的汽车购置税（＝售价×10%）减免一半	低激励程度
	新能源汽车的购置税（＝售价×10%）全部减免	高激励程度
停车费优惠	新能源汽车在公共停车场的停车费优惠一半	低激励程度
	对新能源汽车停车实行免费停车	高激励程度
充电便利性	有充电桩的公共停车场不太容易找到	很低的充电便利性
	有充电桩的公共停车场基本可以找到	低的充电便利性
	有充电桩的公共停车场可以很方便地找到	高的充电便利性
	有充电桩的公共停车场到处都有	很高的充电便利性
价格	对于性能相当的新能源汽车与燃油汽车，新能源汽车贵出 4 万元	高新能源汽车价格
	对于性能差不多的新能源汽车与燃油汽车，两者价格一样	价格相当
	对于性能相当的新能源汽车与燃油汽车，新能源汽车便宜 4 万元	低新能源汽车价格
续航里程	新能源汽车的续航里程为 200 公里	短续航里程
	新能源汽车的续航里程为 400 公里	中等续航里程
	新能源汽车的续航里程为 500 公里	高续航里程

（2）为了测量顾客在不同的政策组合与新能源汽车属性下对新能源汽车的采纳态度，实验二将在问卷中同样给出不同的新能源汽车属性水平和政策组合，具体如表 3-5 所示（实验二在实验一的基础上添加了不同等级的牌照免竞拍政策、充电费用减免政策与非货币类激励性政策，表 3-5 只给出实验二特有的变量说明）。为了检验相关情景描述对实验变量水平操控的有效性，实验二选取了 40 名 MBA 学生作为实验被试。具体操作流程与实验一的操控检验一致。结果显示，实验问卷中所设置的变量参数与操控目标的一致性均达到 92% 以上，可认为实验二的情景操控是有效的。

表 3-5　实验二的变量说明与操纵目标

变　量	变　量　说　明	操控目标
牌照免竞拍政策	政府实行汽车限购规定，您购买燃油汽车需要摇号、竞拍获得车牌（竞拍价格 1 万元）；而新能源汽车牌照无须摇号与竞拍	低激励程度
	政府实行汽车限购规定，您购买燃油汽车需要摇号、竞拍获得车牌（竞拍价格 3 万元）；而新能源汽车牌照无须摇号与竞拍	中等激励程度
	政府实行汽车限购规定，您购买燃油汽车需要摇号、竞拍获得车牌（竞拍价格 5 万元）；而新能源汽车牌照无须摇号与竞拍	高激励程度
充电费用减免	政府对新能源汽车充电的电价进行优惠，以广州市为例（广州新能源汽车充电服务费试行收费标准，将拟定为 1 元 / 千瓦时，该收费标准为最高限价），优惠 0.3 元 / 度；若您每年行车里程 2 万公里，您每年将节省 720 元	低激励程度
	政府对新能源汽车充电的电价进行优惠，以广州市为例（广州新能源汽车充电服务费试行收费标准，将拟定为 1 元 / 千瓦时，该收费标准为最高限价），优惠 0.5 元 / 度；若您每年行车里程 2 万公里，您每年将节省 1 200 元	高激励程度
提供专用车道	在上下班高峰期为新能源汽车提供专用车道	低激励程度
	为新能源汽车提供无限时段专用车道	高激励程度
提供专用停车位	在节假日期间，商场公园等公共停车场提供新能源汽车专用停车位	低激励程度
	共停车场提供新能源汽车专用停车位	高激励程度

3. 实验流程

本章的两个情景实验均包括两个主要实验流程。实验地点均为华南理工大学工商管理学院的教室。

第一个流程为顾客购买决策过程中的信息搜索情景模拟[192]。被试在约定的时间来到指定的课室，在对后续流程、实验报酬等进行简要的实验说明后，我们首先告知被试：他们是需要购买汽车的顾客，而目前市场上共有燃油汽车与新能源汽车两种选择，他们需要选购其中一种汽车。然后，通过 PPT 展示，为被试介绍新能源汽车的发展历程、当前技术及性能水平以及对不同相关政策。为了不对被试的后续决策产生干扰，我们的信息介绍均为事实陈述，尽可能不加入任何带有感情色彩与优劣对比的描述。这个步骤主要模拟顾客在消费前的独立信息搜索过程。接下来，被试有 20 分钟的时间就新能源汽车或汽车购买等相关信息进行自由交流，模拟顾客在消费前通过社交互动进行信息搜索的过程。

第二个流程为问卷回答，被试需要根据问卷提出的条件进行汽车购买决策，回答在不同条件下的新能源汽车采纳意愿。为了平衡实验中的顺序效应，我们在

问卷设计与发放时主要按照以下两点进行操作:

(1) 每一份问卷将分为4个版本,每个版本中关于政策、新能源汽属性水平的题目顺序将按照拉丁方设计原理进行排序[193]。

(2) 不同版本的问卷将随机发放给被试。

3.3.5 数据分析

1. 实验一

(1) 被试信息统计。本实验共有被试90人,收得有效实验问卷71份(有效率78.9%)。这71份问卷将成为本实验的样本数据,其中顾客的部分信息分布如图3-3所示。样本中共有男性被试52名,女性被试19名;有车者39名,无车者32名;学历主要集中在本科毕业水平,对于新技术产品的信息有较好的接收与理解能力;年龄集中在20~40岁,是购车与换车顾客的主要年龄层;收入则集中在8 000~20 000元的区间,具有较好的购买能力。综上,我们认样本被试符合本实验的需要。

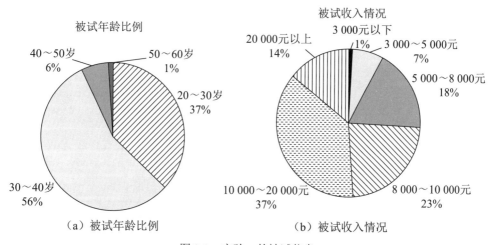

图3-3 实验一的被试信息

(2) 顾客对新能源汽车属性与政策的偏好调查结果。通过对被试在某一新能源汽车属性或政策下的采纳意愿进行加权平均(不同牌照竞拍价格下的被试采纳率采用积累频率),得到了顾客对相关因素的偏好程度,详见表3-6。从表3-6可以看出,不同的新能源汽车属性水平与政策激励程度下,被试的采纳率意愿呈现较大差异。此外,为配合第5章关于市场结构的研究,我们将被试分为无车者与有车者,分别求得两类被试对新能源汽车属性和政策的偏好程度,并在表3-7中列出。可以看出,有车者与无车者的属性与政策偏好也存在显著差异,无车者对新能源汽车持有更宽容的采纳态度。

表 3-6 不同新能源汽车属性或政策下被试的采纳意愿

新能源汽车属性与政策	低水平	中等水平	高水平（较高水平）[a]
价格	58.45%	46.06%	29.15%
续航里程	21.69%	56.62%	64.34%
充电便利性	8.59%	48.17%	59.86%（70%）
购车补贴	16.06%	30%	49.86%
牌照竞拍价格	21.13%	60.56%	95.77%
购置税减免比例	20.42%	—	40.14%
充电费用优惠	—	30.57%	—
停车费减免比例	24.93%	—	41.69%

注：a."较高水平""高水平""中等水平""低水平"代表新能源汽车价格、续航里程、充电便利性等属性的水平以及政策的激励水平。

表 3-7 某一新能源汽车属性或激励性政策下无车者与有车者的采纳意愿

新能源汽车属性与政策	低水平		中等水平		高水平（较高水平）	
	无车者	有车者	无车者	有车者	无车者	有车者
价格	60.94%	56.41%	49.38%	43.33%	31.25%	27.44%
续航里程	23.44%	20.265	45.94%	47.18%	63.75%%	64.87%
充电便利性	14.69%	3.59%	55%	42.82%	66%（75%）	54.87%（66.15%）
购车补贴	17%	15.38%	31.24%	28.97%	54.06%	46.41%
牌照竞拍价格	28.13%	15.38%	68.75%	53.85%	96.88%	94.87%
购置税减免比例	24.38%	17.18%	—	—	45%	36.15%
充电费用优惠	—	—	38.39%	24.36%	—	—
停车费减免比例	29.06%	21.53%	—	—	47.81%	36.67%

2. 实验二

实验二共有被试 98 人，收得有效实验问卷 78 份（有效率 79.6%）。考虑到实验二的案例数据只用于第 7 章的基于模糊集定性比较分析研究，为了更好地展示原始数据与模糊数据之间的转换，因此实验被试的背景信息、不同政策以及新能源汽车属性组合下的采纳态度数据将在第 7 章进行详细描述。

3.4 本章小结

本章结合已有的采纳与扩散理论,对基于顾客采纳行为的新能源汽车市场扩散系统进行了整体分析,在界定系统边界后,确定了系统主体及其相关的系统要素,并厘清了各主体、要素之间的相互关系,从而给出构建动态系统的理论依据。此外,根据系统特点与研究需要,选择了系统动力学作为动态模型的构建方法。除了理论与方法的支持,本章采用情景实验法对顾客关于新能源汽车属性、相关推广政策的偏好以及采纳态度进行调查,为后续研究提供数据支持。具体工作如下:

(1)根据研究问题与研究目的,对新能源汽车市场扩散系统进行了地域、时间和市场边界界定,并在此基础上对新能源汽车市场扩散系统进行相关分析。

(2)根据新能源汽车市场扩散系统中顾客、新能源汽车、市场三大主体,明确了不同层面所涉及的系统要素及其关系,并进行了详细的理论与现状分析,为后续研究提供了充分的理论支持。

(3)根据研究目的与研究内容以及新能源汽车市场扩散系统的复杂性、动态性,选择合适的系统分析方法与建模工具,并对方法的特点与适用性进行了详细分析,为后续研究提供了方法支持。

(4)根据本章的系统分析以及后续章节的研究目的,设计并完成了两个情景实验。其中,实验一用于调查不同类型顾客对于新能源汽车属性和相关政策的偏好,为后续研究中动态模型的参数设置提供了数据支持。实验二则用于获取各类型顾客面对不同汽车属性水平与政策组合时对新能源汽车的采纳意愿,相关数据将用于第 7 章的组态分析研究。

第 4 章　考虑顾客模糊感知的新能源汽车市场扩散机制研究[①]

新能源汽车具有低排放、使用可再生能源为动力等优点，是内燃机汽车的理想替代品，也是汽车行业发展与革新的方向。因此，政府与汽车制造厂商均投入了大量资金，用于促进新能源汽车的发展。对于顾客而言，主要基于"成本—效用"的分析原则进行采纳决策，即综合考虑新能源汽车的汽车属性以及区别于传统汽车的特有属性[71,98,99]。早期相关的行业报告和学术文献均指出，新能源汽车续航里程短、购买价格高和充电难等基本汽车属性的不完善是阻碍顾客采纳的主要原因[5,139]。目前，新能源汽车在政府和业界的推动下，各项性能和成本优势已有所提高；此外，ICT等网联化技术带来的应用也赋予了新能源汽车新的属性，从而带给顾客新的效用。然而，即便如此，我国新能源汽车的扩散依然不稳定，继早期的扩散瓶颈后又迎来了持续发展的不确定局面。可见，新能源汽车属性虽然被证实对其采纳与扩散有着重要的影响，但其影响的作用机理并非想象中的直观清晰。因此，本章将重点分析新能源汽车属性变化如何通过改变顾客的采纳行为进而对其市场扩散产生影响。

已有的新能源汽车采纳研究主要采用实证分析等静态研究方法识别影响因素以及分析因素与顾客采纳行为的关系[75,81,86]。然而，在现实情景中，新能源汽车采纳的影响因素，如汽车的性能会随技术发展而提升，价格也会随技术与市场规模变化而变动。这些因素的改变也将改变顾客的采纳行为。此外，不同的采纳影响因素之间存在着相互作用，这使得新能源汽车市场扩散机制变得十分复杂。这也是很多只关注因素净效应的实证分析难以捕捉的。举例而言，充电设施的增加可以缓解顾客的"里程焦虑"，同时也能提高顾客对价格的容忍度[194-196]；过高的价格降低了汽车性能对顾客的吸引力[197]。新能源汽车市场扩散系统的复杂性

[①] 资料来源：冯博，叶绮文. 考虑创新属性感知的电动汽车采纳行为研究——基于中国市场的仿真研究 [C]. 建设美丽中国——基于复杂科学管理的思索. 北京：中国社会科学出版社，2021：92-119.

除了体现在各新能源汽车属性的相互作用外，同时也反映在新能源汽车与燃油汽车之间的替代过程中。大部分消费者在进行购买决策的时候习惯于对比不同购买选项的属性，从而选择性价比最高的产品[46, 198]。因此，顾客对新能源汽车属性的感知通常是以燃油汽车属性作为参考值。可见，除了新能源汽车属性本身，顾客对属性的感知也是这个比较过程中的关键因素。以往的研究多采用精准量化模型刻画顾客感知，认为顾客属于完全理性。然而在实际情况下，顾客是有限理性的，尤其对于陌生事物的感知是模糊的。因此，当顾客无法准确感知新能源汽车属性时，其采纳决策也会受到明显的影响。

因此，本章基于顾客采纳行为中的对比过程与模糊感知，建立了新能源汽车市场的动态扩散模型，以分析各类影响因素及因素间的相互作用对新能源汽车扩散模式的影响，从微观层面出发探讨扩散系统内部的复杂机制。为了使模型更符合实际，本章模型使用了模糊逻辑进行顾客感知与决策过程的刻画[10, 199]。4.1 节基于顾客采纳行为建立新能源汽车扩散的系统动力学模型；4.2 节借助模糊逻辑刻画顾客的模糊感知；4.3 节进行仿真模型的验证；4.4 节进行不同情景的模型仿真和结果分析；4.5 节则根据仿真结果为企业与政府提供相关管理建议；4.6 节为本章小结。

4.1 模型构建

4.1.1 模型框架

从第 3 章的新能源汽车市场扩散系统分析可知，其主要影响属性包括了车辆技术、成本和充电便利性等汽车属性以及网联化技术应用所带来的特有属性。顾客对属性的感知效用将影响着他们的采纳意愿，顾客的采纳行为将进一步影响着新能源汽车市场的扩散模式。本章模型将根据这些属性特点以及顾客的决策过程，将属性效用按照图 4-1 所示分为交易效用和社交效用两类。

1. 交易效用

交易效用由美国经济学家 Thaler 基于前景理论提出的，是指商品实际价格与顾客心理设定的参考价格之间的差额所带来的效用[200]。由于新能源汽车是燃油汽车的替代品，根据 Engel 等（1968）提出的购买决策过程，顾客更加熟悉燃油汽车，因此很容易将燃油汽车的汽车属性作为参考标准并将其与新能源汽车的属性进行对比[46]。当新能源汽车属性在比较过程中占优时，顾客才会对新能源汽车产生较高的采纳意愿。为了在模型中更好地体现这一比较过程，我们对交易效用的概念进行了引申,认为顾客采纳新能源汽车的交易效用取决于其与燃油汽车在汽车技术、成本和使用便利性等方面的比较结果。

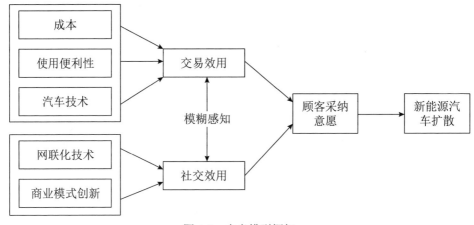

图 4-1　本章模型框架

(1) 汽车技术比较。汽车技术影响的新能源汽车属性主要包括加速性能、最高时速、安全性和续航里程等。其中,根据第 3 章对新能源汽车技术的分析可知,由于电机系统的特点,新能源汽车一般具有较好的加速性能和与燃油汽车相当的最高时速;安全性在各种国家法规和检测要求下,也得到了保障。在续航里程方面,一部分新能源汽车车型已到达 500km 以上,基本达到顾客对里程的要求,只是对应的汽车价格较高。因此,本章模型认为顾客对于新能源汽车技术的顾虑会逐渐转移到价格顾虑上,并通过"学习曲线"将汽车技术因素的影响转移到价格对顾客采纳行为的影响上[201]。

(2) 成本比较。在本章模型中,将比较新能源汽车与燃油汽车的购置与使用成本。其中,购置成本包括汽车的购买价格以及购置税。前者是因为当前汽车市场上,性能相当的燃油汽车和新能源汽车价格差异较大。对购置税的考虑是由于我国购置税为车辆价格的 10%,因此价格差异也将带来购置税的较大差异。此外,目前我国新能源汽车享受购置税全免的优惠政策,这将进一步缩小燃油汽车与新能源汽车的购置成本差异。对于上述的一次性成本,为了便于进行年度费用比较,本模型将购置成本按汽车使用年限进行平均分摊。

在使用成本方面,本模型主要考虑能源成本。这是由于电费与汽油价格差异较大,而保险与维修等主要费用则与车主的用车情况与习惯相关且难以对比,故不纳入本章模型。关于新能源汽车充电费用与燃油汽车加油费用的估算,本章模型以 1.4～1.6 L 排量的燃油汽车和比亚迪 E6 新能源汽车为例进行计算,其中充电费用为 2 135.25 元，加油费用为 9 348 元，两者相差超过 7 000 元[①]。

（3）使用便利性比较。充电便利性是两类汽车在使用便利性上的主要差异。由于目前充电网络尚未完善，充电设施在部分地区不易找到或设施供应不足，在很大程度影响了新能源汽车的使用；基于目前的充电技术，大部分新能源汽车的快速时间都在 30 分钟以上，与燃油汽车 5～10 分钟的加油时间差异较大。顾客在对比用车便利性时，也会借助一个熟悉的概念作为参考，如燃油汽车的加油网络。因此，在本章模型中，将现有加油站的数量作为顾客感知新能源汽车充电便利性的参考值，通过对比加油设施与充电设施的数量，同时考虑燃油汽车加油和新能源汽车充电的时间差异（详细计算过程见 4.2 节）来确定顾客对新能源汽车充电便利性的感知。

2. 社交效用

新能源汽车的社交效用主要来自网联化技术的相关应用。网联化技术通过为新能源汽车提供网络通信功能，实现汽车互联，形成汽车物联网。基于这一新网络，新能源汽车将以智能移动终端的角色，在为用户带来更多功能的同时也为行业带来更多的商业机会。具体而言，车载娱乐、智能导航等网联化功能将提高新能源汽车的感知有用性，对于追求高科技和时尚产品的年轻人非常有吸引力。汽车互联还能催生新的车载社交网络，向用户提供良好的社交网络体验（如社交支持、社交存在、情感和信息支持），以及更多的社交效用，进而也将带来更多融合社交网络的商业模式创新[9, 202, 203]。一方面，借助车载社交网络提供的用户生成内容，可以给商业决策带来更多的信息；另一方面，各类实时定位信息则可以在汽车网络中实现共享商业模式（如共享汽车、共享充电等）或提高交通、充电的效率（如智能导航、智能充电等）。

此外，从理论层面看，网联化应用使得汽车网络成为了双向网络，增强了新能源汽车系统的网络外部性，可对新能源汽车的市场扩散产生显著影响。因此，本章模型将考虑网联化技术与商业模式创新两个变量对社交效用的影响。其中，本章模型使用 Gartner Hype Cycle 中物联网的成熟度来衡量社交商务中网联化技术的水平[204]，并使用 Wirtz（2011）提出的商业模式四个生命周期阶段来衡量新能源汽车网络商业模式的创新及发展水平[205]。

---

① 费用估算涉及数据：我国 2013 年的 93# 汽油最后的价格 7.79 元 / 升；第 3 章实验数据中被试的年平均驾驶里程 15 000 千米；比亚迪 E6 型号新能源汽车每百公里耗电 19.5 千瓦时；广州市第二梯度电价（中间梯度电价）。

4.1.2 因果关系分析

新能源汽车扩散系统中各个变量之间的相互作用通过学习曲线、网络外部性效应将系统的各个部分连接起来，形成图 4-2 中的两个正向和一个双向因果反馈回路，对系统行为产生复杂的动态影响。

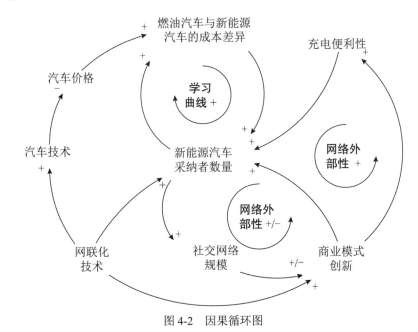

图 4-2 因果循环图

（1）学习曲线正向反馈回路：该回路描述了新能源汽车扩散中学习曲线所带来的正向反馈。如图 4-2 所示，随着新能源汽车采纳者的增长，新能源汽车的累计产量增加，由学习曲线带来的生产成本下降将改变燃油汽车与新能源汽车的成本差异，从而提高顾客的采纳率，进一步增加新能源汽车的采纳者数量。

（2）网络外部性正向反馈回路：该反馈回路描述的是商业模式创新与充电便利性借助网络外部性而相互促进的关系。利用新能源汽车网络的实时与定位信息，可以实现车辆、充电设施的共享商业模式，从而提高充电设施的利用率，进而为系统带来更多的新能源汽车采纳者并扩大其社交网络规模。由于网络外部性，社交网络的扩大将有助于商业模式创新的拓展，从而使上述变量的相互作用形成循环回路。

（3）网络外部性双向反馈回路：该回路表述的是网络外部性对商业模式创新的双向影响。由于新能源汽车发展初期采纳者较少，其小规模的社交网络规模将影响社交活动与商业活动的实现，实际带来的社交效用与顾客的期望存在一定差距，对新能源汽车扩散会带来一定的负面影响[206]。随着新能源汽车社交网络规模的扩大,将能够产生积极的网络外部性,促进商业活动与模式创新的发展,从而提高社交效用并促进新能源汽车的扩散。

4.1.3 总体模型构建

1. 模型假设

本章模型根据前文提出的研究边界以及本章研究重点,对模型补充下列假设,以剔除其他关系不大的影响因素,使模型结构更加清晰、研究重点更加明确。

(1) 潜在采纳者包括第一次购车者与再次购车者,两者对新能源汽车的偏好态度不存在主观上的差异性,其中再次购车者是指已有车辆达到平均使用年限而需要购买新车以作为替换的顾客。

(2) 考虑到目前充电桩的安装程序较为简单,以及各地提出的充电桩建设目标,本章研究认为所有的基础设施能够按照仿真情景设定的速度建设。

(3) 本章模型基准仿真情景的参数设置均参考国内2013年的政策规定及市场数据。

2. 总体模型

本章模型包括两部分,第一部分为新能源汽车采纳过程,其中考虑了顾客对新能源汽车属性所带来的交易效用以及社交效用的模糊感知,具体如图4-3(a)和图4-3(b)所示。

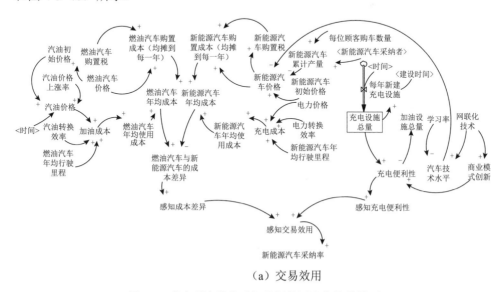

(a) 交易效用

图4-3 考虑顾客模糊感知的新能源汽车扩散模型

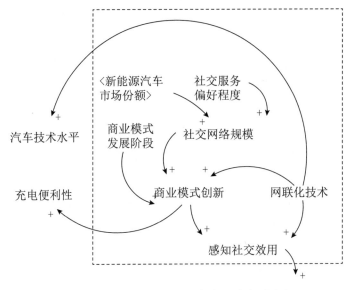

（b）社交效用

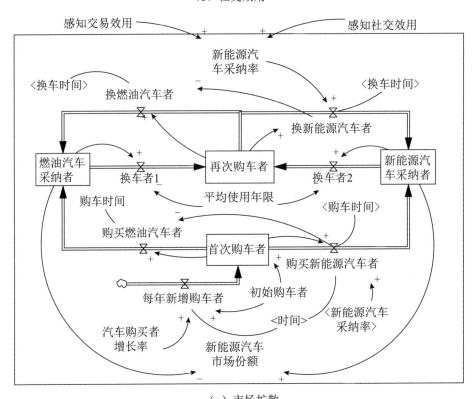

（c）市场扩散

图 4-3 （续）

第二部分为新能源汽车市场扩散过程,如图 4-3(c)所示。随着顾客对新能源汽车采纳态度与行为的变化,潜在采纳者在汽车市场的流动方向将发生变化。因此,可以通过观察模型中潜在采纳者与采纳者的存量与流量状态以及新能源汽车市场份额的变动来分析其市场扩散的演进模式。作为描述系统状态的重要变量,与采纳者相关的存量与流量可由以下方程表示:

存量"首次购车者"是指个人名下没有登记任何汽车,但目前具有购车能力与意愿的顾客,是流量"每年新增购车者"的积累状态,并以"购买新能源汽车者"与"购买燃油汽车者"两个方式流出,这里记"首次购车者"对时间的积分为首次购车者 (t),具体表达见式4-1,其中首次购车者 $(0)=$ 初始购车者,即为2013年中国汽车保有量的6%(首次购车者的增长率)。

$$\text{首次购车者}(t) = \int_0^t 每年新增购车者(t)dt - 购车燃油汽车者(t)dt - 购买新能源汽车者(t)dt + 首次购车者(0) \quad (式4\text{-}1)$$

存量"再次购车者"是指由于所拥有的汽车达到平均使用年限而需要更换汽车的顾客,该类顾客可以选燃油汽车或者新能源汽车作为替换。记"再次购车者"对时间的积分为再次购车者 (t),具体表达见式4-2,其中再次购车者 $(0)=0$。

$$\text{再次购车者}(t) = \int_0^t 换车者1(t)dt + 换车者2(t)dt - 换新能源汽车者(t)dt - 换燃油汽车者(t)dt + 再次购车者(0) \quad (式4\text{-}2)$$

存量"燃油汽车采纳者"是指私人燃油汽车所有者数量,是流入流量"购买燃油汽车者"(首次购买)、"换燃油汽车者"(再次购买)以及流出流量"换车者1"的累积状态。这里记"燃油汽车采纳者"对时间的积分为燃油汽车采纳者 (t),具体表达见式4-3,其中燃油汽车采纳者 $(0)=88\,105\,000$,即为2013年中国小型私人燃油汽车保有量。

$$\text{燃油汽车采纳者}(t) = \int_0^t 购车燃油汽车者(t)dt + 换燃油汽车者(t)dt - 换车者1(t)dt + 燃油汽车采纳者(0) \quad (式4\text{-}3)$$

类似地,存量"新能源汽车采纳者"是指新能源汽车所有者人数。这里记"新能源汽车采纳者"对时间的积分为新能源汽车采纳者 (t),具体表达见式4-4,其中新能源汽车采纳者 $(0)=38\,592$,即为2013年中国私人新能源汽车保有量。

$$\text{新能源汽车采纳者}(t) = \int_0^t 购买新能源汽车者(t)dt + 换新能源汽车者(t)dt - 换车者2(t)dt + 新能源汽车采纳者(0) \quad (式4\text{-}4)$$

存量"充电设施总量"是指国内已建成的新能源汽车充电设施,是流入存量"每年新建充电设施"的累积状态。这里记"充电设施总量"对时间的积分为充电设施总量(t)，具体表达见式 4-5，其中充电设施总量(0)= 27 708，即 2013 年国内新能源汽车充电设施数量。

$$充电设施总量(t) = \int_0^t 每年新建充电设施(t)dt + 充电设施总量(0) （式4-5）$$

模型中与交易效用、社交效用相关的流量、辅助变量及常量变量的描述见附录 2。

4.2 顾客模糊感知设置

在 4.1 节所构建的系统动力学模型中，与新能源汽车属性相关的变量参数都使用准确的数值进行设置。为了能在模型中考虑顾客对新能源汽车属性的模糊感知，本节将使用模糊逻辑的函数变换及运算法则，将描述新能源汽车属性的精准数值转换为顾客所感知的交易效用与社交效用。

4.2.1 模糊逻辑

模糊逻辑是由 Lotfi Zadeh 提出，多应用于社会科学领域应用[11]。与传统的量化模型相比，模糊逻辑并没有按照严格的数学推理与计算去模拟人类的决策过程，它关注于带有非精确情景以及模糊说明的决策推理过程[207]。自然语言是人们日常生活中交流信息时所使用的语言，可以表达主观、客观世界的各种事物、观念、行为、情感等。但是自然语言中经常使用大量语义模糊的词语，具有相当的不确定性，也就是模糊性。传统的量化模型难以将这种自然该语言通过严谨的数学规则进行表达与计算，而模糊逻辑可以模拟人的思维进行判断和推理，能够处理语言变量并且按照一定的逻辑规则对这些语言变量进行量化计算，这也被称为"computing with words"[10]。以新能源汽车采纳决策举例，顾客难以完全掌握所有相关信息，对于成本差异或设施数量等信息也并非完全敏感。顾客对于充电设施数量的感知与某一程度的"充电便利性"（如非常高、非常低）并非一一对应的精确关系。使用模糊逻辑则可以将常规二元变量转换为 [0,1] 区间内的连续变量[14]，更好地将模糊感知与一定范围内的隶属度对应起来，便于进行相关运算[184]。下面将简述模糊逻辑运算与推理相关的概念与方法。

(1) 将属于清晰集（变量值为具体数值）的变量转化为模糊变量。模糊变量通常概念本身不清晰、界限不分明，且变量对集合的隶属关系也不明确。例如，5 000 元的成本差异对顾客而言可以是一个"一般的差异"，也可以是一个"较大的差异"。这个转换可以通过建立变量的隶属度函数来实现。隶属度越接近 1 则隶属程度越高,反之则隶属程度越低。常用的确定隶属度的函数方法有模糊统计法、例证法、专家经验法、二元对比排序法等,具体根据实际情况来选择确定方法。而常见的隶属度函数也包括正态型、岭形分布、梯形分布等。

(2)根据模糊逻辑的规则推理结果变量的模糊值。常用的三类推理方法是 Mamdani 推理法、Larsen 推理法、Zadeh 推理法。Mamdani 将经典的极大-极小合成运算方法作为模糊关系与模糊集合的合成运算法则,易于进行图像解释[208]。Larsen 推理方法又称为乘积推理法,是另一种应用较为广泛的模糊推理方法。Larsen 推理法与 Mamdani 推理法的推理过程很相似,区别在于推理合成时采用乘积运算而非取小运算[209]。Zadeh 推理方法与 Mamdani 推理方法同样采用取小合成运算法则,但其模糊关系的定义有所不同[210]。

(3)将推理求得的模糊值转换为清晰值,即"去模糊化"。基本的去模糊化方法包括了最大平均去模糊化法、重心或面积中心去模糊化法、极大去模糊化法、面积均分去模糊化法等。虽然关于去模糊化的方法很多,但目前依然有较多学者进行相关研究,目的在于尽量减少转换过程中变量值的失真。

4.2.2 顾客的模糊感知函数

1. 模糊数转换

(1)交易效用感知。这一部分感知主要包括顾客对新能源汽车交易效用的感知,以及顾客对影响交易效用的属性的感知,即与燃油汽车对比得到的成本差异以及充电便利性。考虑这部分因素的感知涉及多个清晰值变量,本章将使用直接模糊逻辑构建隶属度函数并使用相关推理规则求取其模糊值。由于顾客对于属性的感知通常使用自然语言表达,具有一定的模糊性,本章模型使用七级李克特量表来度量顾客对上述因素感知的语言集。

语言集 $U=\{u_0, u_1, u_2, u_3, u_4, u_5, u_6\}$ 为顾客对燃油汽车与新能源汽车成本差异的感知程度。根据实验数据可知,私人燃油汽车年均成本(年均购置成本和使用成本)约为 15 000 元。本章模型认为当新能源汽车的年均成本翻倍或更高时,顾客将认为成本差异带来的效用非常低;反之,顾客则感知到很高的成本差异。为了便于计算,将顾客对成本差异的感知程度分为七个水平,并以 5 000 元为间隔区间。

语言集 $V=\{v_0, v_1, v_2, v_3, v_4, v_5, v_6\}$ 为顾客对不同充电设施数量所感知的充电便利性程度。为了统一各个语言集的感知度量,同样将顾客对新能源汽车充电便利性的感知程度分为七个水平。考虑到加油设施数量仍在增长中,因此本章模型认为当充电设施数量多于加油设施数量时,顾客将感知到非常高的充电便利性。

语言集 $W=\{w_0, w_1, w_2, w_3, w_4, w_5, w_6\}$ 为顾客所感知的交易效用程度。与前面两个语言集相似，顾客所感知到的交易效用分为从"非常低"到"非常高"七个程度。

在进行模糊数转换时，本文使用经典的三角隶属度函数将新能源汽车属性的清晰值转换为对应的模糊数。关于语言集 U, V 和 W 的语言变量、语义、三角模糊数及隶属度函数图像如表4-1至表4-3所示。

表4-1 语言集 U

语言变量及其语义	三角模糊数[a]	隶属度函数图像
u_0= 非常低（DL）	$(-\infty, -1.5, -1)$	
u_1= 很低（VL）	$(-1.5, -1, -0.5)$	
u_2= 低（L）	$(-1, -0.5, 0)$	
u_3= 中等（M）	$(-0.5, 0, 0.5)$	
u_4= 高（H）	$(0, 0.5, 1)$	
u_5= 很高（VH）	$(0.5, 1, 1.5)$	
u_6= 非常高（DH）	$(1, 1.5, \infty)$	

注：a. 为方便计算，将隶属度函数的区间设为0.5（5 000元/10 000元）。
b. x 为燃油汽车与新能源汽车年均成本差异的清晰值/10 000元。

表4-2 语言集 V

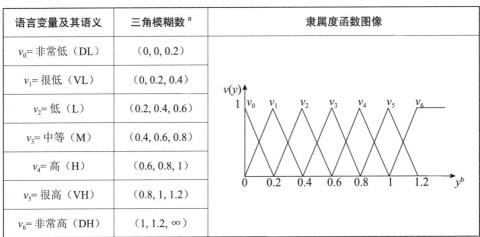

语言变量及其语义	三角模糊数[a]	隶属度函数图像
v_0= 非常低（DL）	$(0, 0, 0.2)$	
v_1= 很低（VL）	$(0, 0.2, 0.4)$	
v_2= 低（L）	$(0.2, 0.4, 0.6)$	
v_3= 中等（M）	$(0.4, 0.6, 0.8)$	
v_4= 高（H）	$(0.6, 0.8, 1)$	
v_5= 很高（VH）	$(0.8, 1, 1.2)$	
v_6= 非常高（DH）	$(1, 1.2, \infty)$	

注：a. 考虑到加油设施数量仍在增长，本模型认为当充电设施数量为加油设施的1.2倍时，顾客对新能源汽车充电便利性感知程度为非常高，其中为了计算方便，隶属函数的区间设为0.2。
b. y 为充电设施数量与加油设施数量的比例。

表4-3 语言集 W

语言变量及其语义	三角模糊数	隶属度函数图像
w_0= 非常低（DL）	(0, 0, 1/6)	
w_1= 很低（VL）	(0, 1/6, 1/3)	
w_2= 低（L）	(1/6, 1/3, 1/2)	
w_3= 中等（M）	(1/3, 1/2, 2/3)	
w_4= 高（H）	(1/2, 2/3, 5/6)	
w_5= 很高（VH）	(2/3, 5/6, 1)	
w_6= 非常高（DH）	(5/6, 1, 1)	

注：a. z 为顾客感知交易效用的清晰值。

（2）社交效用感知。这部分感知包括顾客对新能源汽车社交效用，以及顾客对影响社交效用的属性的感知，即网联化技术水平、商业模式创新水平等。考虑到上述因素均为抽象概念，因此本章模型将使用间接模糊逻辑，以区间 [0,1] 的数值来衡量社交效用的相关变量。其中，0 表示不存在网联化技术的应用以及相关商业模式；1 表示网联化技术应用与相关商业模式已经十分成熟。

2. 模糊逻辑推理规则

推理规则是整个模糊系统的核心部分，需要具备以下基本性质[211, 212]：

（1）完备性：系统论域上的所有元素（即 u_i，i=1，2，3，4，5，6 与 v_j，j=1，2，3，4，5，6）都能在模糊规则库中找到至少一条与之对应的规则，这是模糊系统正常运作的必要条件。

（2）交叉性：这一基本性质是针对系统变量隶属度函数设定的，各变量中相邻的语言变量需要存在一定的交叉域。举例而言，当成本差异为 3 000 元时，既属于"中等"水平，同时也属于"高"水平（见表4-1）。该性质确保了模糊系统输入与输出行为是连续和平滑的，也能提高系统的鲁棒性。

（3）一致性：模糊规则库中的每一条规则不能够存在相互矛盾的情况，即规则的输入（条件）相同时，输出（结果）不一样。

模糊规则主要用于使用直接模糊逻辑的交易效用部分，其模糊决策中涉及成本差异、充电便利性和交易效用三个变量。因此，本章将使用多维模糊规则，在得到顾客对前两个变量的感知模糊数后，模拟顾客的决策过程，使用 "IF...then" 的模糊逻辑规则来推理顾客感知的交易效用。具体形式如下：

IF U is u_1 and V is v_1, then W is w_0.

基于模糊规则库的基本性质并结合变量的程度水平，以及考虑顾客对成本差异的容忍程度随充电便利性提高而提高，得到了共49条规则，如式4-6所示。

$$R(u_i, v_j) = \begin{cases} w_0, & i \leq 3-j \\ w_1, & 3-j < i \leq 6-j \\ w_{Min(i+j-5,0)}, & i > 6-j \end{cases} \quad （式4\text{-}6）$$

根据上述推理规则，使用 Larsen 推理法，通过对成本差异与充电便利性的模糊值进行乘积合成运算，求得顾客感知交易效用的模糊值，如式4-7所示[209]：

$$w(z)=u(x)v(y) \quad （式4\text{-}7）$$

其中，x，y，z 分别是成本差异、充电便利性和感知交易效用的模糊值。

3. 去模糊化

顾客的效用感知作为模型的重要内生变量，需要在模型中被计算处理。因此，需要对顾客模糊决策后得到的结果进行去模糊化，即将决策的模糊值转换为清晰值。本章研究将采用 Opricovic 和 Tzeng（2003）提出的去模糊法进行模糊值的处理。该方法能够在恢复模糊变量的清晰值时减少失真，计算过程如式4-8所示[213]。

$$C_i^{def} = L + \frac{\Delta\left[\left(f_i^M - L\right)\left(\Delta + f_i^R - f_i^M\right)^2 \left(R - f_i^L\right) + \left(f_i^R - L\right)^2 \left(\Delta + f_i^M - f_i^L\right)^2\right]}{\left(\Delta + f_i^M - f_i^L\right)\left(\Delta + f_i^R - f_i^M\right)^2 \left(R - f_i^L\right) + \left(f_i^R - L\right)\left(\Delta + f_i^M - f_i^L\right)^2\left(\Delta + f_i^R - f_i^M\right)}$$

（式4-8）

其中，C_i^{def} 是对三角模糊数 $F_i = \left(f_i^L, f_i^M, f_i^R\right)$，$i=1$，$2$；$L = \min\{f_1^L, f_2^L\}$，$R = \max\{f_1^R, f_2^R\}$，$\Delta = R - L$ 为进行转换所得的清晰值。

4.3 模型检验

本节将对所构建的系统动力学模型进行逻辑结构和系统行为等方面的检验，以确保模型的有效性和精确性。由于系统动力学是基于复杂系统循环反馈的仿真建模，为了确保模型的逻辑结构与系统要素之间的关系符合实际情况，且整个模型能够准确反映真实世界并作出精确预测，Senge 和 Forrester（1980）、Barlas（1989）等学者提出了针对模型结构及系统行为的检验方法，主要包括了模型结构检验（direct structure tests）、基于模型结构的系统行为检验（structure-oriented behavior tests）和基于历史数据的系统行为检验（behavior pattern test）[214, 215]。下面将对模型进行这三类检验。

4.3.1 模型结构检验

模型结构检验从模型的逻辑结构、参数设置、界限和维度等多个方面对系统动力学模型进行检验，分别对应表 4-4 的四项检验[214]。本章模型的检验结果见表 4-4。

表 4-4 模型结构检验的内容及结果

检 验 项	检 验 内 容	分　　析	结　果
结构性检验（structural assessment）	从理论及实践角度检验模型结构是否符合现实系统的结构	本章模型的各个变量及变量之间的关系均基于已有相关文献和实际案例数据所建立，因此可以认为本章模型能够准确反映现实系统的因果关系和逻辑结构	通过检验
参数检验（parameter assessment）	检验模型中常量变量的取值是否与现实情况相符	本章模型的常量变量取值均参考实际的市场数据，并向两位新能源汽车和系统动力学领域的专家对常量变量取值进行了咨询	通过检验
边界检验（boundary adequacy）	检验模型中的关键变量是否都为内生变量	模型中的关键变量，除"汽油初始价格""社交服务偏好程度"等常量变量以外，均为内生变量，变量状态均受到系统状态所影响；所有变量状态具体可见附录 2	通过检验
维度检验（dimension consistency）	检验各变量方程左右两部分是否具有统一的单位	使用 Vensim 软件所提供的"Unit Check"功能对模型变量的单位进行了检验	通过检验

4.3.2 基于模型结构的系统行为检验

基于模型结构的系统行为检验是通过观察不同条件下所产生的系统行为来检验模型结构的合理性，以发现一些在形式上难以检查的结构逻辑错误[215]。这部分的检验主要分为极端值检验（extreme condition test）、敏感性检验（sensitivity test）和积分误差检验（integration error test）三个部分。

1. 极端值检验

极端值检验是检测模型在极端情况下的系统行为，以测试系统结构的鲁棒性。具体方法是分析模型的常量变量在取极端值时系统行为是否符合现实系统的预期行为。本章将对"电力转换效率""电力价格""网联化技术"等关键常量变量设置极端值，并对系统行为进行相关分析，具体设置与检验结果见表 4-5。当被检验的变量处于非常高的水平时，如非常长的行驶里程、非常高的市场增长率、汽油初始价格、汽油价格上涨率、能源转换率、汽车技术水平、商业模式成熟水平、社交服务偏好程度，新能源汽车的采纳率和市场份额都处于一个快速增长的趋势，反之则呈现平缓的趋势；当部分变量处于非常低的水平时，如非常短的平均使用年限、非常低的新能源汽车初始价格和学习率等，新能源汽车的采纳率和市场份额处于一个快速增长的趋势，反之则呈现平缓的增长趋势。需要特别说明的是，当平均使用年限为 1 年时，新能源汽车的采纳者数量和市场份额呈现锯齿状的增长趋势，是因为换车者来自原有的汽车采纳者（10% 的汽车采纳者），若当前时刻采纳者基数较大且新增购车者数量较少、新能源汽车采纳率较低，将导致下一时刻的燃油汽车换车者的数量远大于新能源汽车新增购车者（新能源汽车采纳者的流出大于流入），此时就会造成新能源汽车采纳者数量降低；同理，在下一时刻，换车者数量将变小，而新增的新能源汽车购买者将增加新能源汽车采纳者的数量。综合上述分析，可见检验结果与模型正常运行时的增长趋势一致，符合现实系统的预期行为。

表 4-5 极端值检验的参数设置及结果

检验序号	极端情况	参数设置	检验结果
1	非常高的汽车购买者增长率	汽车购买者增长率=50%	通过检验
2	非常低的汽车购买者增长率	汽车购买者增长率=0%	通过检验
3	非常长的平均使用年限	平均使用年限=30	通过检验
4	非常短的平均使用年限	平均使用年限=1	通过检验
5	非常高的汽油初始价格	汽油初始价格=100	通过检验
6	非常低的汽油初始价格	汽油初始价格=0	通过检验
7	非常高的汽油价格上涨率	汽油价格上涨率=50%	通过检验
8	非常低的汽油价格上涨率	汽油价格上涨率=0%	通过检验
9	非常高的汽油转换效率	汽油转换效率=1	通过检验
10	非常低的汽油转换效率	汽油转换效率=16	通过检验
11	非常高的电力转换效率	电力转换效率=1	通过检验
12	非常低的电力转换效率	电力转换效率=39	通过检验
13	非常高的电力价格	电力价格=1.46	通过检验
14	非常低的电力价格	电力价格=0	通过检验
15	非常长的年均行驶里程	燃油汽车的年均行驶里程=30 000 燃油汽车的年均行驶里程=30 000	通过检验
16	非常短的年均行驶里程	燃油汽车的年均行驶里程=0 燃油汽车的年均行驶里程=0	通过检验
17	非常高的新能源汽车初始价格	新能源汽车初始价格=800 000	通过检验
18	非常低的新能源汽车初始价格	新能源汽车初始价格=100 000	通过检验
19	非常高的新能源汽车技术水平	学习率=0.7	通过检验
20	非常低的新能源汽车技术水平	学习率=1	通过检验
21	非常高的网联化技术水平	网联化技术=1	通过检验
22	非常低的网联化技术水平	网联化技术=0.1	通过检验
23	商业模式发展成熟阶段	商业模式发展阶段=1	通过检验

续表

检验序号	极端情况	参数设置	检验结果
24	商业模式发展初始阶段	商业模式发展阶段=0.1	通过检验
25	顾客对社交服务的偏好程度非常高	社交服务偏好程度=1	通过检验
26	顾客对社交服务的偏好程度非常低	社交服务偏好程度=0.1	通过检验

2. 敏感性检验

敏感性检验用于检测系统动力学模型是否和现实系统一样，对其中的关键变量具有相似的敏感性[215]。本小节将对模型中"汽油价格上涨率""社交服务偏好程度"等六个影响系统运行的关键变量进行敏感性检验，对变量设置不同的取值并分析对应的系统行为，具体参数设置如表 4-6 所示，对应结果如图 4-4 所示。

从图 4-4（a）可以看出，新能源汽车的采纳率随着汽油价格上涨率的上升而提高。在现实情况中，由于汽油价格上涨将导致燃油汽车的使用成本增加，从而减少燃油汽车与新能源汽车之间的成本差异，提高新能源汽车的采纳率。学习率的下降体现了新能源汽车技术水平的提升，由此可见，新能源汽车的采纳率也随之增长。基础设施的增加则提高了新能源汽车的充电便利性，由检验结果图 4-4（c）可以看出，系统行为对该变量的敏感度与现实系统一致。类似地，网联化技术水平和商业模式发展阶段的成熟度的提升同样能够增加新能源汽车的感知有用性，从而提高新能源汽车的采纳率，与图 4-4（d）和图 4-4（e）所展示的趋势一致。最后，顾客对社交服务的偏好程度则影响网联化技术和商业模式创新的社交效用对顾客的重要性。因此，当对社交服务的偏好程度越高，新能源汽车所带来的社交效用就能吸引更多的顾客。但是这需要一定的网络规模支持，如 4-4（e）所示，直到新能源汽车发展后期，顾客对社交服务的偏好程度对系统行为才会产生一定的影响。

综上所述，随着关键变量的取值变化，本章模型呈现了与现实趋势相符的行为模式，因此可以认为本章模型通过了敏感性检验。

表 4-6 敏感性检验的参数设置

检验序号	变量	参数设置
1	汽油价格上涨率	−82%, −41%, −21%, 21%, 41%, 82%
2	学习率	70%, 75%, 80%, 85%, 90%, 95%
3	每年新建充电设施	160 000, 240 000, 320 000, 400 000, 480 000, 560 000, 640 000
4	网联化技术	0.2, 0.4, 0.6, 0.8, 1
5	商业模式发展阶段	0.25, 0.5, 0.75, 1
6	社交服务偏好程度	0.2, 0.4, 0.6, 0.8, 1

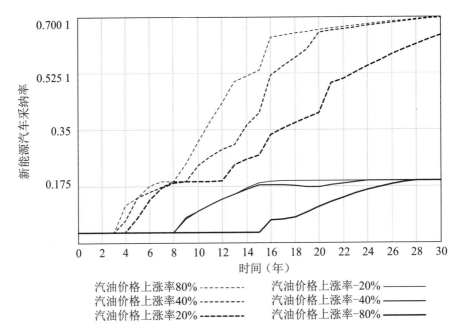

(a) 汽油价格上涨率

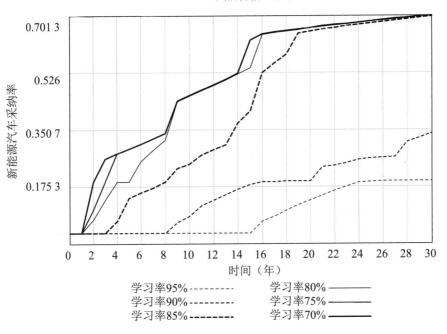

(b) 学习率

图 4-4　敏感性检验结果

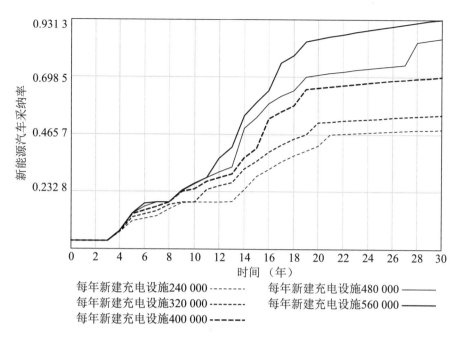

（c）每年新建充电设施

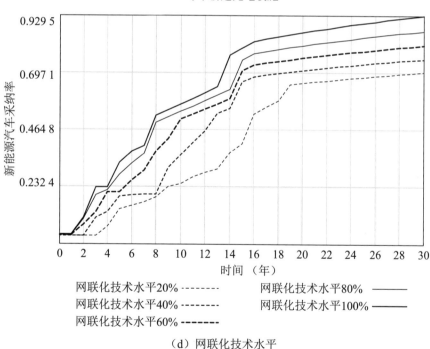

（d）网联化技术水平

图 4-4 （续）

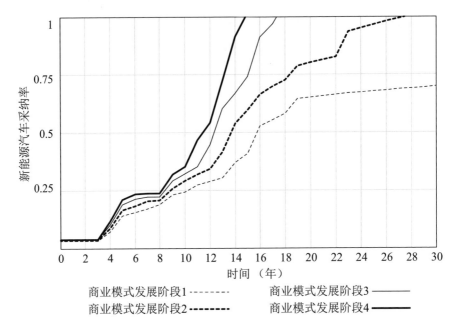

(e) 商业模式发展阶段

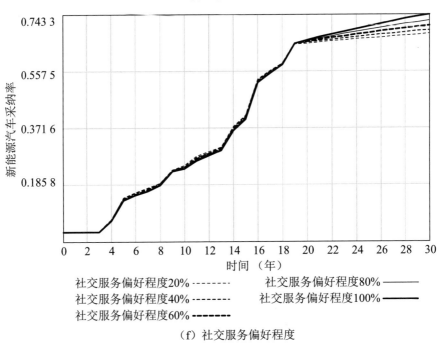

(f) 社交服务偏好程度

图 4-4 （续）

3. 积分误差检验

积分误差检验用于检验模型选用的积分区间和积分方法是否会给系统行为带来影响[12]。为了进行积分区间的检验，这里选取 1，0.5 和 0.25 作为模型计算的积分区间，检验发现三个仿真结果趋势一致。此外，还选用 Euler 积分法和 Runge–Kutta 积分法进行相关仿真计算，同样得到了一致的系统行为模式。综上，本章模型通过了积分误差检验。

4.3.3 基于历史数据的系统行为检验

基于历史数据的系统行为检验是对模型预测准确性的直接检验，通过对比历史数据与模型仿真结果，观察系统行为模式（如增长趋势、下降趋势、波动趋势）是否与现实一致。这里选取 2013—2017 年中国新能源汽车保有量的数据（2013—2014 年的新能源汽车保有量无法查询，以累计销售量替代）与考虑模糊感知的模型仿真结果对比（相比考虑清晰感知的模型仿真结果更加贴近历史数据的趋势）。由图 4-5 可知，历史数据与仿真结果呈现一致趋势，即本章模型能够较好地反映现实系统。

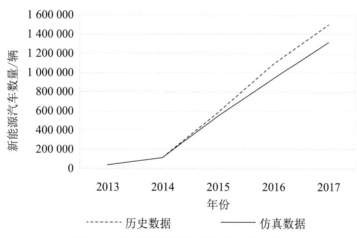

图 4-5 基于历史数据的系统行为检验结果

4.4 模型仿真结果分析

本章节将进行两个部分的仿真。第一部分分析顾客模糊感知对新能源汽车扩散的影响；第二部分则基于第一部分的仿真结果，分析各新能源汽车属性对新能源汽车市场扩散的作用机制。

4.4.1 基于顾客感知的模型仿真

由模型分析可知，新能源汽车属性对其市场扩散的影响主要通过顾客的感知及其对应的采纳行为形成。关于顾客对新能源汽车属性的感知，已有研究主要认为顾客是完全理性的，能够掌握与决策相关的所有信息，并且足够敏感，能够在决策过程中感知到信息的所有微细变化。因此，在此假设下顾客的感知是具体清晰的。然而，在实际情况中，顾客处于有限理性的状态，尤其是对自身不熟悉的事物，顾客的感知具有模糊性，在表达主观感知的时候，也多使用模糊的自然语言。为确定顾客的感知方式是否对扩散系统产生影响，这里设置与顾客感知相关的两个情景，并对模型进行仿真分析，具体设置见表 4-7。

表 4-7　与顾客感知相关的仿真情景参数设置

情景序号	情景	"新能源汽车采纳率"
S1-1	顾客为完全理性，能够感知新能源汽车属性的微细变化	MIN[(0.03+{1−[(1−{ 燃油汽车与新能源汽车的成本差异 / [燃油汽车年均成本 +ABS(燃油汽车与新能源汽车的成本差异)]+0.5})×[1−(感知充电便利性 /1.2)]]^(1/2)})×(1+ 感知社交效用), 1]
S1-2	顾客为有限理性，对新能源汽车属性具有模糊感知	MIN[感知交易效用 ×(1+ 感知社交效用), 1]

基于表 4-7 的仿真结果如图 4-6 所示。可以看到，顾客在清晰感知与模糊感知下的结果差异主要有两个方面。一方面，顾客的清晰感知导致了更高的新能源汽车采纳率 [见图 4-6（a）]，从而也提高了扩散的速度 [见图 4-6（b）]。由此可知，顾客若能连续地感知新能源汽车属性的变化，可以更好地促进新能源汽车扩散。然而，结合图 4-5 中基于历史数据的系统行为检验结果来看，顾客在模糊感知下的新能源汽车扩散趋势更加符合现实情况。因此，如果基于顾客完全理性且具有清晰感知的假设，仿真将会呈现过于乐观的预测。另一方面，在顾客具有清晰感知的情景（S1-1）中，新能源汽车采纳率和市场份额曲线相对平滑。如图 4-6（a）所示，在顾客具有模糊感知的情景下，新能源汽车的采纳率呈现阶梯状的增长趋势，反映出模糊感知给顾客采纳行为所带来的延迟效应。根据韦伯定理，顾客对于成本差异、基础设施数量等属性变化的心理认知程度并非如想象中的敏感和理性[216]。举例而言，当成本差异变动太小的时候，顾客通常无法感知到差异；基础设施虽然一直在增长，但由于我国地域广阔，小范围内的数量增长是顾客难以感知的；而社交效用的变动更是渗透于日常使用之中，只有经过长时间的积累和对比后才能被顾客感知到效用的变化。这在一定程度上解释了发展初期我国新能源汽车市场在政府政策大力支持下仍然增长缓慢的现象。综上，在进

行新能源汽车属性对市场扩散过程的影响分析中,考虑顾客对属性的模糊感知是十分必要的。

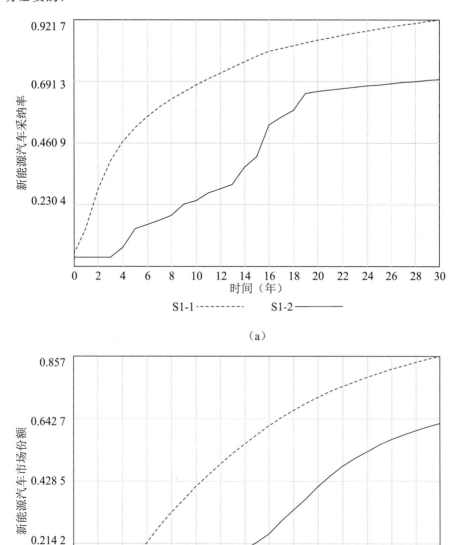

图 4-6 关于顾客感知的仿真结果

4.4.2 基于新能源汽车属性的模型仿真

基于 4.4.1 节的仿真结果可知，考虑顾客模糊感知的新能源汽车扩散模型更加符合现实情况。因此，下面关于新能源汽车属性影响的仿真均基于顾客具有模糊感知的假设进行。

1. 关于新能源汽车购置成本的仿真分析

已有研究指出，购置成本是影响顾客对新能源汽车采纳行为的主要因素之一[75, 86, 85]。结合第 3 章的系统要素分析，本章模型选取汽车价格和汽车购置税作为汽车的购置成本。我国相关法规规定，汽车购置税为汽车价格的 10%，因此汽车购置成本的变化主要源于汽车价格。新能源汽车的价格受到规模经济、技术发展等因素的影响随时间而变动。为此，这里使用"学习曲线"模拟新能源汽车价格的变动，当累计产量翻倍时，价格将按照一定的比例下降。这一比例被称为学习率，与新能源汽车的电池、驱动系统等造车技术水平相关。对于燃油汽车的价格，由于技术相对成熟，价格下降区间较小，因此其价格在模型中被设置为常量变量。

下面将针对新能源汽车技术水平设置不同的情景，以观察技术水平以及规模经济所带来的新能源汽车价格变动如何影响市场扩散的演进模式，仿真情景如表 4-8 所示。

表 4-8 新能源汽车购置成本相关的仿真情景

情景序号	情 景	学习率
S2-1	造车技术水平很低	90%
S2-2	造车技术水平低	85%
S2-3	造车技术水平一般	80%
S2-4	造车技术水平高	75%
S2-5	造车技术水平很高	70%ª

注：a. 70% 是机械装配类产品生产成本的最低下降速度[217]。

仿真结果如图 4-7 所示。从图 4-7（a）中的新能源汽车价格趋势可以看出，随着造车技术水平的提高，新能源汽车价格的下降速度也在增加；但由于学习曲线的边际效应，对于同样幅度的技术提升，所带来的价格下降速度却逐渐减慢。由学习曲线带来的边际递减增长趋势也出现在新能源汽车的市场扩散模式中。从图 4-7（b）中可以看到，情景 S2-3（学习率 80%）、S2-4（学习率 75%）和 S2-5（学习率 70%）的市场份额曲线非常接近，基本只在前期（0～10 年）呈现差异，然后增长模式渐趋一致。这是由于三个情景中的新能源汽车技术水平较高，导致前期汽车价格快速下降；当价格下降到与燃油汽车价格相近时，就很难引起感知交易效用的提高。由此可知，提高技术水平和降低汽车价格在新能源汽车发展初期是促进市场扩散的有效途径，投入的相关资源也能更好地发挥作用。但这并非一个长久的策略，随着技术趋向成熟，其促进的效率将会降低，政府和汽车企业需要从其他方面确保新能源汽车市场的持续发展。

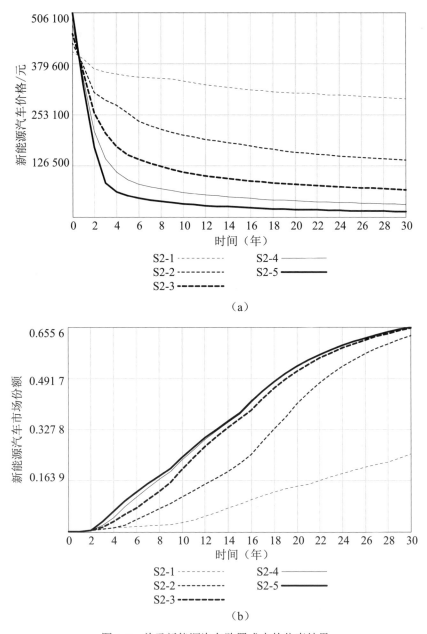

图 4-7 关于新能源汽车购置成本的仿真结果

2. 关于新能源汽车使用成本的仿真分析

汽车作为一种耐用品,使用成本是顾客每年的必要支出,其生命周期内的总使用成本也是一笔较大的支出。已有相关文献指出新能源汽车的使用成本是影响顾客采纳和市场扩散的重要因素[87-90]。由于本章模型关注的是燃油汽车与新能源汽车的成本差异,结合第 3 章的系统要素分析,这里的使用成本只考虑存在较大差异的加油/充电费用。考虑到电力价格相对稳定,这部分仿真主要观察由汽油价格波动引起的使用成本差异对新能源汽车扩散的影响。表 4-9 给出了具体的仿真情景,包括了汽油价格快速、汽油价格缓慢上升、汽油价格不变、汽油价格下降四种情况。

表 4-9 新能源汽车使用成本相关的仿真情景

情景序号	情 景	汽油价格上涨率	汽 油 价 格
S3-1	汽油价格呈线性增长	0.4129[a]	汽油价格上涨率 × 时间 +7.79[b]
S3-2	汽油价格呈对数增长	2.2[c]	汽油价格上涨率 × LN(时间 +16) +1.541 4
S3-3	汽油价格固定不变	0	汽油价格上涨率 × 时间 +7.79
S3-4	汽油价格呈线性下降	-0.412 9[d]	MAX(汽油价格上涨率 × 时间 +7.79, 0)

注:a. 利用我国 1998—2013 年的 93# 汽油价格历史数据进行线性拟合得到。
b. 我国 2013 年 12 月 93# 汽油的价格。
c. 利用我国 1998—2013 年的 93# 汽油价格历史数据进行对数曲线拟合得到。
d. 选用与情景 S3-1 对应的汽油价格下降率。

图 4-8 展示了使用成本相关的仿真结果。从图 4-8(a)中可以看到,汽油价格对汽车的年均成本差异有较大影响,而不仅仅是加大使用成本的差异。显然,从图 4-8(b)中情景 S3-1 的完整 S 型增长曲线可知,汽油价格的上升能够促进新能源汽车的市场扩散。此外,通过进一步分析汽油价格影响下的新能源汽车扩散趋势可以发现,汽油价格的增长与下降趋势对新能源汽车扩散存在不对称的作用。通过对比图 4-8(b)中曲线 S3-1(汽油价格线性增长)、S3-3(汽油价格不变)与 S3-4(汽油价格线性下降)之间的距离可知,对于同样的价格增长和下降幅度,在仿真中后期汽油价格上升带来的促进作用更为明显。由此推测,因为仿真中后期市场已经进入了新能源汽车成本与燃油汽车相当甚至更低的状态,根据前景理论,汽油价格上涨导致的燃油汽车成本增加对于顾客而言是一种损失(因为使用新能源汽车的成本更低),因此顾客将对汽油价格上涨更加敏感[218]。

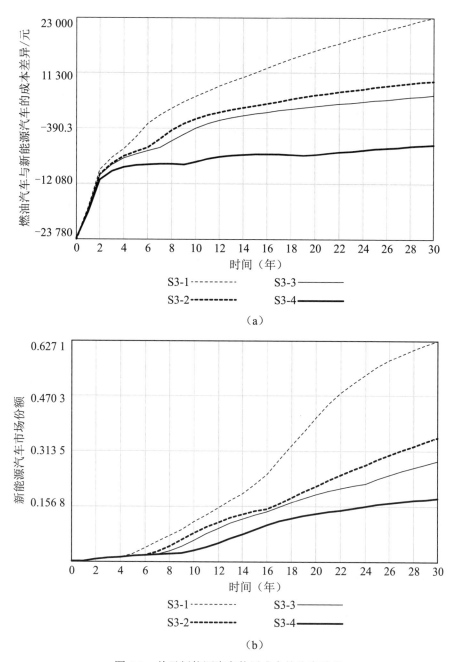

图 4-8 关于新能源汽车使用成本的仿真结果

3. 关于新能源汽车充电便利性的仿真分析

结合第 3 章的系统要素分析,在汽车使用便利性的对比上,本章模型选取新能源汽车的充电便利性作为主要系统变量。充电便利性作为新能源汽车的兼容属性,被已有实证研究证明是影响顾客采纳和市场扩散的重要因素[105, 107, 108, 78]。本小节将以"十二五"规划中充电设施建设的计划作为基准情景(表4-10中的情景S4-3)进行仿真,这是由于"十二五"规划中设置了充电设施建设的专项资金,它是我国新能源汽车发展初期主要的充电设施建设推动力,也为搭建充电网络奠定了基础。此外,本章还设置了其他对比情景,通过增加和减少投资额来改变基础设施的增长速度,用以分析新能源汽车充电便利性的作用机理,具体如表4-10所示。

表4-10 与新能源汽车充电便利性相关的仿真情景参数设置

情景序号	情 景	充电设施总投资	每年新建充电设施[a]
S4-1	减少40%的政府投资	600亿元	IF THEN ELSE { 时间 =0, 0, IF THEN ELSE [时间 <=15, 240000, IF THEN ELSE (充电设施总量 <= 2.16913e+007, 充电设施总量 * 0.009, 0)]}
S4-2	减少20%的政府投资	800亿元	IF THEN ELSE { 时间 =0, 0, IF THEN ELSE [时间 <=15, 320000, IF THEN ELSE (充电设施总量 <= 2.16913e+007, 充电设施总量 * 0.009, 0)]}
S4-3	"十二五"投资金额	1 000亿元	IF THEN ELSE {Time=0, 0, IF THEN ELSE [Time<=15, 400000, IF THEN ELSE (充电设施总量 <= 2.16913e+007, 充电设施总量 * 0.009, 0)]}
S4-4	增加20%的政府投资	1 200亿元	IF THEN ELSE {Time =0, 0, IF THEN ELSE [Time<=15, 480000, IF THEN ELSE (充电设施总量 <= 2.16913e+007, 充电设施总量 *0.009, 0)]}
S4-5	增加40%的政府投资	1 400亿元	IF THEN ELSE {Time=0, 0, IF THEN ELSE [Time<=15, 560000, IF THEN ELSE (充电设施总量 <= 2.16913e+007, 充电设施总量 *0.009, 0)]}

注:a. 根据政府规划,每年建设40万个充电设施,根据每台充电设施20 000元的价格,1 000亿元总投资将在15年后用完。此后,充电设施将按照目前加油设施0.9%的增长率增长,直到充电设施网络规模与加油站网络规模相当。

根据仿真情景设置可知,政府对充电设施建设的投入在仿真的前15年进行,但从图4-9可以看出,新能源汽车的扩散从第10年开始才呈现较高的增长率,而且不同建设投入及速度对扩散的影响差异也是从第10年才开始显现。这说明充电便利性对新能源汽车扩散的促进作用具有延迟性。这个延迟性主要源于两个方面。一方面是因为顾客具有模糊感知,从图4-9(a)可以看出,充电设施的增加对顾客关于新能源汽车的采纳意愿是阶梯式递增的。这说明只有当充电设施数量积累到一定规模后,或当充电设施覆盖面更广的时候,顾客才会感知到更高的充电便利性,以提高其采纳意愿。另一方面,充电便利性所带来的新能源汽车网络规模扩大将进一步提高其规模经济以及社交效用,因此不同情景下的市场扩散差异在仿真后期越发明显。此外，充电便利性对新能源汽车市场扩散的作用具有不对称性。以图4-9（b）中的S4-3作为基准，可以看到减少充电设施的投入对新能源汽车扩散的负面影响大于增加投入的积极影响。因此，充电便利性对于新能源汽车的扩散类似于一种保健因素，充电网络的建设未必能在早期快速带来积极作用，却是确保成功扩散的关键因素之一。

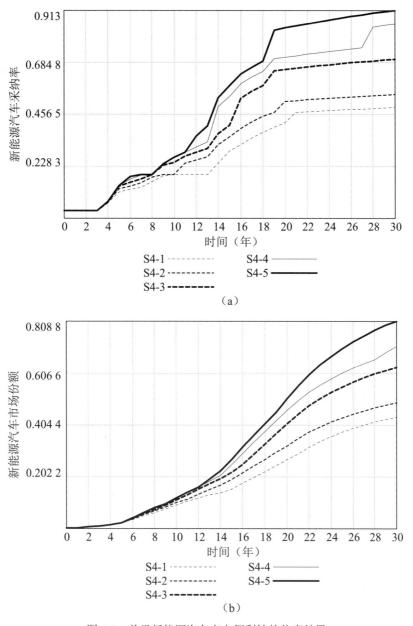

图4-9　关于新能源汽车充电便利性的仿真结果

4. 关于新能源汽车网联化技术的仿真分析

传感器技术、移动网络、智能技术等新一代网联化技术的应用是连接新能源汽车网络、实现互联互动社交活动的基础。网联化技术水平的提升将有效提高顾客所感知的新能源汽车社交效用。为了分析网联化技术水平如何通过影响顾客的感知社交效用进而影响新能源汽车的市场扩散，这里针对网联化技术水平设置相关的仿真情景（见表4-11）。

表4-11 与新能源汽车网联化技术水平相关的仿真情景参数设置

情景序号	情　　景	网联化技术[a]
S5-1	处于技术成熟度的第一阶段：创新萌发期	0.2
S5-2	处于技术成熟度的第二阶段：过热期	0.4
S5-3	处于技术成熟度的第三阶段：幻灭低谷期	0.6
S5-4	处于技术成熟度的第四阶段：复苏期	0.8
S5-5	处于技术成熟度的第五阶段：生产力成熟期	1

注：a. Gartnet 技术成熟度曲线共包括技术发展的五个阶段，通过间接模糊化，将技术成熟度按照不同的阶段映射到区间 [0.2,1]。

基于表4-11的仿真结果如图4-10所示。从图4-10（a）可知，网联化技术水平的提升有助于提高顾客感知的社交效用。因为网联化技术的提高能够促进信息的传递以及丰富新能源汽车的社交软件应用，这对于顾客而言是直接可见的。此外，作为相关社交商业活动的实现基础，网联化技术提升的同时也能够促进相关商业模式的创新发展，如图4-10（b）所示，进一步作用于感知社交效用。然而，网联化技术的提升对降低新能源汽车的价格和促进新能源汽车的扩散却是边际递减的，如图4-10中（c）和（d）所示，这是因为在技术发展初期，网联化技术与造车技术的整合难度较大，反而会影响新能源汽车价格的下降。换言之，网联化技术对新能源汽车扩散的促进作用取决于汽车技术是否足够成熟以及新能源汽车网络是否达到一定的规模。

5. 关于新能源汽车商业模式创新的仿真分析

新能源汽车带给人们的社交效用以网联化技术作为基础，但其效用的直接实现主要是基于新能源汽车网络的商业模式。新能源汽车作为一个新的社交商务载体，必然带来商业模式上的创新。但一个新的商业模式往往充斥着不确定性，只有一个成熟且成功的社交商务商业模式才能够为顾客带来明显的社交效用。而稳定的商业模式需要经历多个商业模式发展阶段，并根据不同阶段进行模式调整与创新。为了分析依托于新能源汽车社交网络的商业模式发展程度对扩散系统行为的影响,这里将根据 Wirtz(2011)给出的商业模式生命周期设置关于新能源汽车商业模式创新的仿真情景,具体见表 4-12[205]。

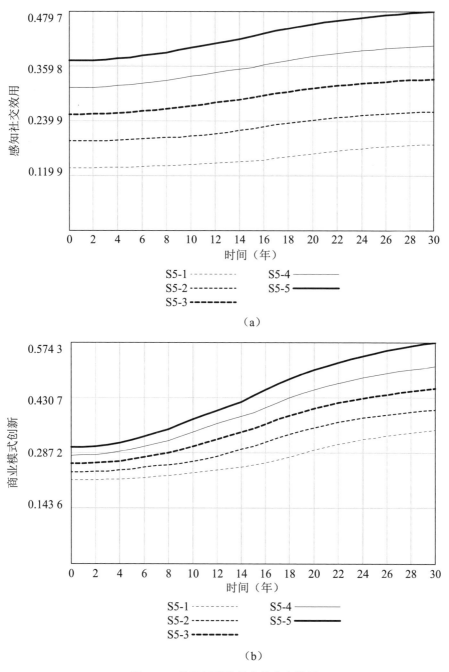

图 4-10 关于网联化技术的仿真结果

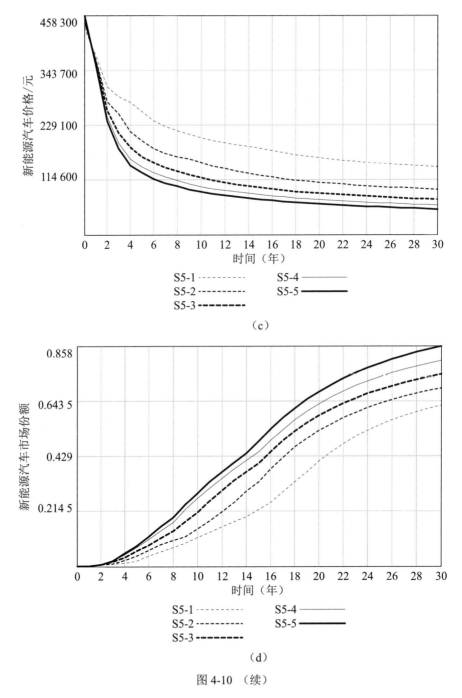

图 4-10（续）

基于表 4-12 的仿真结果如图 4-11 所示。从结果可以看出，成熟且稳定的商业模式对于促进新能源汽车扩散具有积极的作用，但积极作用同时存在延迟性，需要在仿真期的第 6 年才显现出较高的扩散增长；不同阶段的商业模式对扩散的影响差异也在第 10 年至第 12 年才开始显现。这是因为社交商业模式的发展需要一定的网络规模作为支撑。即使是一个成熟稳定的商业模式也需要足够的用户规模才可以有效应用。可见，网络外部性在"商业模式发展阶段"与其他变量的交互之间起着催化剂的作用。当新能源汽车网络达到一定规模后，一方面，创新的商业模式能够为顾客带来更多的社交支持（social support）与更加明显的社交展现（social present），从而提高顾客的感知社交效用[9, 203]；另一方面，部分针对具有网络外部性的新能源汽车属性的商业模式，能够利用网络中丰富的信息源与用户之间的互动以提高这类属性的效用，如充电设施共享模式能够提高新能源汽车的充电便利性。综上，商业模式的创新发展在新能源汽车发展初期作用并不明显，但将会是中后期保持新能源汽车持续发展的重要途径。

表 4-12 与商业模式创新相关的仿真情景参数设置

情景序号	情 景	商业模式发展阶段 a
S6-1	处于商业模式生命周期第一阶段：创始期	0.25
S6-2	处于商业模式生命周期第二阶段：成长期	0.5
S6-3	处于商业模式生命周期第三阶段：成熟期	0.75
S6-4	处于商业模式生命周期第四阶段：稳定期	1

注：a. Wirtz（2011）给出的商业模式生命周期共包括四个阶段，通过间接模糊化，将变量"商业模式发展阶段"按照不同阶段映射到区间 [0.25,1][205]。

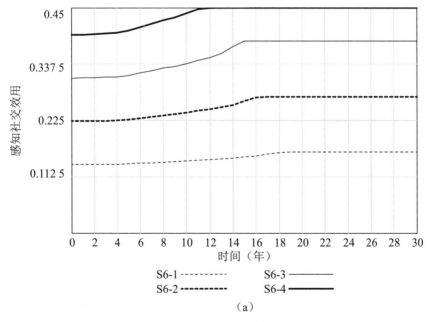

(a)

图 4-11 关于商业模式创新的仿真结果

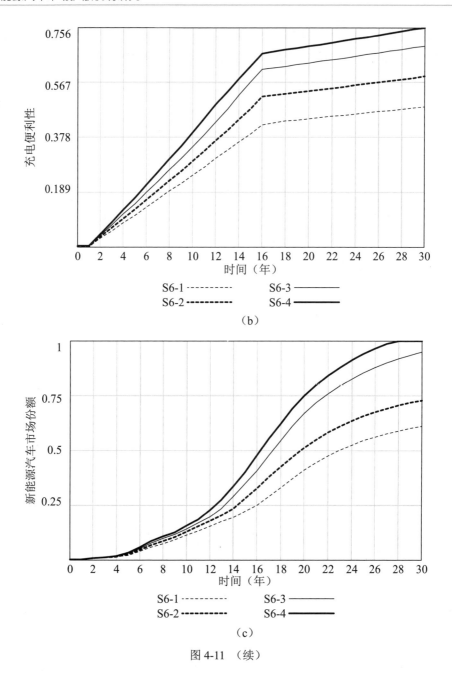

图 4-11 （续）

4.5　基于仿真结果分析的管理建议

根据本章的仿真结果，我们发现考虑顾客模糊感知的新能源汽车扩散趋势更加符合现实，而基于顾客清晰感知的扩散模型容易导致过于乐观的扩散趋势。关于新能源汽车属性的分析显示,汽车技术、成本、充电便利性、网联化技术应用等对其市场扩散均存在显著的促进作用。然而,汽车技术与网联化技术在规模经济与网络外部性的影响下,其促进扩散的作用存在边际递减趋势。充电便利性与网联化下的商业模式创新的积极作用则由于顾客模糊感知与网络外部性影响而存在延迟。其中,充电便利性对新能源汽车扩散的影响存在不对称性,属于促进扩散的一种保健因素。同样具有不对称作用的因素是使用成本,由汽油价格上升导致的使用成本影响明显大于汽油价格下降造成的影响。下面将基于4.4节的仿真结果,针对顾客的模糊感知与新能源汽车属性的不同作用,提出以下几点建议。

(1)顾客的模糊感知导致其无法及时感知新能源汽车属性的提升与改善。尤其是在新能源汽车发展初期,顾客对新能源汽车了解甚少,且其价格、充电设施数量、技术水平以及社交服务等属性均处于一个缓慢变化的过程,使得顾客更加难以感知这些属性的变化。这也是造成新能源汽车初期扩散缓慢的原因之一。鉴于此,政府与汽车制造商应针对顾客对新能源汽车的模糊感知采取相应措施。首先,及时向顾客展示新能源汽车的实际费用,克服顾客模糊感知所带来的信息延迟。在政府宣传和汽车企业营销上可以着重于新能源汽车的补贴优惠以及电力驱动所带来的购置成本下降与使用成本优势。正如相关研究指出,通过教育消费者准确理解新能源汽车的全周期成本,可以有效提高其市场接受度[81, 102]。其次,为了增强顾客对充电便利性的感知,建议在交通流量大、人流量高的区域,如主要道路和商业中心,建设充电站。这样不仅能确保充电设施得到充分利用,而且能够吸引潜在采纳者的关注。最后,利用新能源汽车的联网功能,推广共享充电的商业模式,既可以提高新能源汽车的使用便利性,又可以促进用户的社交互动,提高新能源汽车的社交效用。

(2)考虑到汽车技术水平提升对于促进新能源汽车市场扩散的作用是边际递减的,政府可以在新能源汽车发展初期重点推行支撑性政策,如投入资金辅助汽车企业进行相关技术研发,而汽车企业也应该将其早期业务重点放在技术研发上,除了能够以较小的成本获得较大的技术提升,还可以有效地促进新能源汽车价格的下降,使得投资发挥最大的作用。当新能源汽车价格降至与燃油汽车价格相当时,也就是图4-7所显示的价格的促进作用出现明显递减趋势时,顾客的关注点将会转移到其他汽车属性上。因此,政府和汽车企业应明确不同阶段下顾客对于新能源汽车的关注点,并及时调整政策和宣传重点。例如,政府可以将推广措施从价格补贴转移到充电网络建设或加速新能源汽车的智能网联化;汽车企业的营销策略也应从低成本转移到汽车功能的差异化上。

(3)政府和汽车企业应关注汽油价格在新能源汽车不同发展阶段的作用。根据图 4-8 所示,在新能源汽车总成本更高时,由于汽油价格变化的影响较小,电价补贴或者凸显新能源汽车低使用成本的营销策略在这一阶段的促进效果较弱。但随着新能源汽车与燃油汽车成本差异减小,汽油价格的波动开始发挥作用,汽油价格的下降将可能成为新能源汽车扩散的另一个阻碍。面对这一情况,政府可以采取合理的政策组合,如对新能源汽车主要采取电费补贴等激励性政策,同时对汽车企业实行燃油消耗限制、提高汽车排放标准等限制性政策。在新能源汽车成本进一步降低后,顾客更加关注长远的使用成本,对于汽油价格上升趋势更加敏感,因此上面提到的电价补贴与凸显新能源车经济性的相关政策以及营销方案在这一阶段能够更好地发挥作用。

(4) 根据图 4-9,充电设施的建设是新能源汽车市场扩散的关键,也是很多国家地区政策扶持的重点,但需要注意的是,只有当充电设施的增量达到一定规模后才能够带来明显的促进作用。在地方财政预算有限的情况下,将资金投入到研发、补贴等其他方面的效果更好。此外,利用同样的投资,将充电设施建设在少数几个集中区域的促进效果比分散在多个示范点效果更好。因为同样数量的充电设施分布在少数的集中区域可以提高当地顾客对新能源汽车充电便利性的感知并促进该区域的顾客采纳,形成示范效应,吸引商业投资并辐射周边区域,进而促进市场扩散。

(5) 相比传统燃油汽车,新能源汽车不仅是交通工具,更是一个社交网络的新载体。我国在 2017 年出台了《国家车联网产业标准体系建设指南》,利用智能信息技术促进汽车的智能化与网联化融合发展。网联化技术的应用以及相关社交服务的提供赋予了新能源汽车作为新一代智能移动终端的功能,从而为顾客带来了燃油汽车所不具备的社交效用。然而,图 4-10 和图 4-11 中的仿真结果表明,网联化技术及其带来的创新商业模式都在新能源汽车进入低成本阶段后才发挥作用。过早地在新能源汽车中引入网联化技术和社交服务可能会适得其反,因为网联化技术与造车技术的整合将提高新能源汽车的技术难度,阻碍汽车价格下降;过小的网络规模将妨碍社交服务功能的发挥,难以达到顾客对于新能源汽车社交效用的期望。对此,本章研究提出以下三点建议:

① 目前新能源汽车制造商主要分为传统汽车企业和新兴的互联网造车企业两类,前者具有成熟的造车技术,而后者专长于网联化技术并拥有一定的社交用户量。两者的合作将能够更好地发挥所长,一方面可以克服各自的技术短板,降低研发成本;另一方面可以为传统汽车企业带来一群偏好社交服务的潜在客户群体。此外,可以提高相关应用软件的用户界面友好程度、在新能源汽车的电子系统中预装相关应用,从而提高顾客对新能源汽车社交效用的感知。

② 利用社交服务提高使用新能源汽车的便利性。通过共享设施定位信息，实现车辆、充电桩、停车位等真正意义上的共享商业模式，除了能够提高相关设施的利用率，还可以拓展新能源汽车的使用范围，促进其市场扩散。

③ 政府可协同相关的支撑性与参与性政策，即加强网联化技术涉及的基础设施建设以及鼓励汽车、互联网等行业的跨界合作。一方面，相关基础设施的建设可以为企业发展新能源汽车网联化技术提供保障与支持，降低企业的技术成本，促使网联化技术应用在高成本阶段也能发挥相应的效用；另一方面，通过鼓励企业的跨界合作，更好地催生新的商业模式，提高新能源汽车的社交效用与使用便利性。

4.6 本章小结

本章建立了考虑顾客模糊感知的新能源汽车扩散系统动力学模型，旨在分析在顾客模糊感知的情境下，汽车技术、成本、充电便利性、网联化技术、商业模式创新等属性对新能源汽车市场扩散的影响及作用机制。

首先，基于第 3 章的系统分析，给出本章模型的框架和因果循环分析。其次，根据行为实验数据，构建顾客对新能源汽车属性的模糊感知函数，并在模型框架进的基础上形成完整的系统动力学模型。在进行仿真分析之前，对模型进行了模型结构检验、基于模型结构的系统行为检验、基于历史数据的系统行为检验等多项检验。最后，针对顾客感知、新能源汽车价格、汽油价格、充电设施、网联化技术以及商业模式等影响系统行为的因素设置了不同的仿真情景，并根据仿真结果的分析，为政府和汽车企业给出相关的管理建议，促进新能源汽车的发展。具体结论如下：

（1）考虑顾客对新能源汽车属性的模糊感知可使模型更加符合现实情境，同时发现模糊感知对新能源汽车扩散存在的延迟作用。模糊感知所造成的系统信息延迟降低了顾客的采纳意愿，进而减慢了新能源汽车的扩散速度，这在一定程度上解释了我国新能源汽车市场初期在国家政策大力支持下仍然增长缓慢的现象。

（2）考虑到新能源汽车作为燃油汽车的替代品，两者的总成本差异成了划分新能源汽车发展阶段的重要因素。当两者总成本接近时，本模型中考虑的新能源汽车属性对顾客采纳行为与新能源汽车市场扩散的影响趋势将发生变化，这是政府与汽车企业调整政策与策略的关键时期，也是政府进行政策时间维度整合时需要考虑的重要因素。

（3）分析了汽车技术、成本、充电便利性、网联化技术、商业模式创新等属性在不同发展阶段对于新能源汽车市场扩散的影响。

第 5 章　考虑市场结构及顾客交互的新能源汽车市场扩散机制研究

根据第 3 章对新能源汽车的市场扩散系统分析可知，顾客作为采纳主体，对于新能源汽车的市场扩散有着重要影响。第 4 章基于微观视角考虑了顾客对新能源汽车属性的模糊感知，本章将从宏观角度，基于不同顾客群体对新能源汽车属性的感知差异，分析不同市场结构如何通过顾客群体间的互动影响新能源汽车的市场扩散过程。

顾客异质性是市场营销研究领域的共识，并在库存、服务、定价等运营管理领域研究中常被提及[73, 219, 220]。已有研究表明，不同的顾客群体在决策行为上存在一定的差异性，他们进行采纳决策时所考虑的因素不同或存在不一致的偏好。举例而言，对涉及一定风险的技术产品，女性顾客比男性顾客更加敏感[221]；对于涉及安全性的技术产品，年纪大的顾客群体更加关注安全属性，并在决策中对于该属性分配更大的权重；对于复杂的科技产品，受教育程度通常是划分顾客群体的重要变量[122, 222, 179]。在新能源汽车领域，已有实证研究也指出顾客对新能源汽车的偏好影响着他们的决策态度与购买行为，且顾客的偏好是存在差异的[155, 179]。Struben 和 Sterman（2008）指出顾客的驾驶经验对于新能源汽车的扩散存在显著影响[8]。Ruah 等（2020）的研究也发现，驾驶经验可以缓解驾驶员对新能源汽车的里程焦虑[94]。第 3 章的行为实验也得出了相关的结果，发现第一次购车者相比有车者对于新能源汽车的续航里程、充电便利性等属性抱有更加宽容的态度。

从宏观层面分析，顾客的异质性将导致不同市场存在不同的顾客结构，从而影响着新能源汽车的市场扩散过程。一方面，新能源汽车的平均生命周期长达 8 ~ 10 年，属于一种耐用品，其早期采纳主要依靠首次购车者的推动。另一方面，只有在发展初期积累更多的早期采纳者才能更好地发挥口碑传播的作用，促进新产品 / 技术信息的传播并缓解顾客对新产品 / 技术的怀疑态度[223]。根据行为实验结果可知，首次购车者对新能源汽车具有更加宽容的态度，更有可能成为早期采纳者。然而欧美等发达国家的汽车市场已渐趋饱和，在缺乏首次采纳者的情况下，口碑传播在新能源汽车扩散中的作用也受到一定制约。而我国汽车市场正处于快速发展之际，拥有全球最大的汽车市场，大比例的首次购车者成为新能源汽车潜在市场的主力军。因此，分析不同市场结构下的新能源汽车市场扩散演进模式有着一定的理论与现实意义。

结合顾客异质性文献以及实验数据的分析，本章将汽车市场的顾客分为首次购车者与再次购车者两类，并建立考虑这两类顾客感知差异的系统动力学模型，分析市场结构对于新能源汽车市场扩散的影响。为了体现不同类型顾客的异质性以及顾客之间的行为互动，在模型中可利用扩展 TAM 模型度量顾客对新能源汽车的感知与偏好，同时考虑顾客间的口碑传播。5.1 节基于顾客异质性与扩展 TAM 模型构建新能源汽车市场扩散系统动力学模型；5.2 节对仿真模型进行模型验证；5.3 节则进行不同市场结构下的模型仿真和结果分析；5.4 节则根据仿真结果为政府和汽车企业提供相关管理建议；5.5 节给出本章小结。

5.1 模型构建

5.1.1 模型框架

根据上述分析，本章结合 TRA 理论"态度—行为意愿—实际行动"的决策范式以及扩展技术采纳模型建立新能源汽车扩散系统动力学模型[23]。本章研究认为汽车市场由不同类型的顾客所构成，由于顾客异质性，顾客对于新能源汽车的偏好态度存在差异，从而影响其采纳意愿与行为，并通过口碑传播进而影响新能源汽车的市场扩散过程，具体模型框架如图 5-1 所示。

（1）在市场结构方面，本章模型假设汽车市场里包括首次购车者与再次购车者两类顾客，两类顾客的不同比例形成不同的市场结构。其中，再次购车者相对首次购车者具有更加丰富的驾驶经验并更习惯于使用燃油汽车，对于新能源汽车的性能等属性要求较高。市场结构的设置除了考虑客观事实，如发达国家与发展中国家汽车市场结构差异，本章模型还针对我国国情，将影响市场结构的燃油汽车牌照发放限制规定放入模型。该规定将限制每一时刻燃油汽车首次购车者的数量，使得未能在某一时刻获取牌照的燃油汽车首次购车者留在系统中继续等待，从而动态影响系统中的两类顾客的结构。

（2）关于顾客对新能源汽车的偏好态度，我们结合已有相关的研究结论与本书的行为实验数据，选取续航里程、价格、充电设施等作为顾客采纳决策所关注的因素,并使用扩展 TAM 模型衡量不同类型顾客对这些因素的偏好态度[24-26],具体包括以下三个方面。

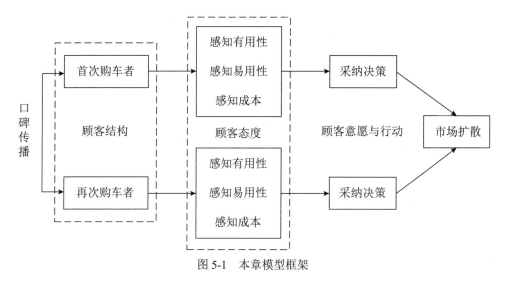

图 5-1 本章模型框架

① 感知有用性:与新能源汽车作为交通工具的基本性能相关,其中续航里程是顾客最为关注的新能源汽车性能[85]。

② 感知易用性:与新能源汽车使用的便利程度相关,配套设施的完善是提高便利性的关键,其中充电设施是顾客最为关注的配套设施[107]。

③ 感知成本:与采纳新能源汽车的成本相关,和燃油汽车相比,新能源汽车最为明显的成本差异在于汽车价格,因此汽车价格也是顾客最为关注的采纳成本[90]。

(3)顾客对新能源汽车各方面的态度以及其他采纳者的意见将决定着其采纳的意愿。当具有较高采纳意愿的顾客成为新能源汽车采纳者后,通过传播与新能源汽车相关的信息和使用感(即正向和负向的口碑传播)会影响系统内的其他潜在采纳者,从而作用于新能源汽车的市场扩散过程。

5.1.2 变量的相互作用与因果关系分析

在考虑市场结构与顾客交互的新能源汽车扩散模型中,新能源汽车属性、汽车市场规模、市场结构等相关变量随着时间的变化,以及不同类型顾客之间的互动关系将对系统行为产生动态影响。模型中变量的动态变化和相互作用具体如下:

(1)技术的提升、新材料的研发等都将改善新能源汽车的性能表现,其中续航里程就能够有效提高顾客对新能源汽车的感知有用性。

(2)加快充电设施建设是国家为推进新能源汽车发展的战略措施之一,大量的资金投入使得我国充电设施能够保持增长,提高顾客对新能源汽车的感知易用性。

（3）技术的发展、生产规模的扩大都将导致新能源汽车价格的下降，从而降低顾客对新能源汽车的感知成本。

（4）在市场扩散过程中，燃油汽车和新能源汽车的市场份额、市场结构都会随着新增采纳者、新增潜在采纳者、再次购车者的进入而动态变化，进而改变系统状态。

此外，由于规模经济和口碑传播的作用，系统中还存在图 5-2 中的两个反馈回路，进而对系统行为产生复杂的动态影响。

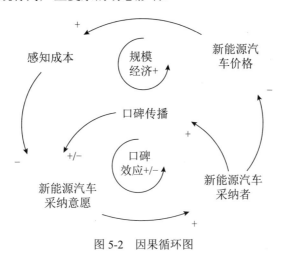

图 5-2 因果循环图

（1）规模经济正向反馈回路：该回路描述了新能源汽车价格由于规模经济对新能源汽车采纳人数的正向反馈。如图 5-2 所示，新能源汽车采纳者的增加将扩大新能源汽车的生产规模，根据规模经济可知，新能源汽车价格将下降并降低顾客的感知成本，进而提高顾客的采纳意愿，最终增加新能源汽车采纳者的数量。

（2）口碑传播反馈回路：该回路描述了采纳者通过口碑传播的作用影响潜在采纳者的决策，从而作用于新能源汽车的市场扩散。新能源汽车采纳者的增加，意味着有更多的顾客接触新能源汽车并将相关信息与使用感进行传播，影响其他的潜在采纳者。由于顾客口碑包含正向口碑和负向口碑，因此顾客的口碑传播行为将带来不确定的效应：若市场中以新能源汽车的正向口碑为主导，则口碑传播将提高顾客的采纳意愿，形成正向的反馈回路；否则，将形成负向的反馈回路，阻碍新能源汽车的市场扩散。

5.1.3 总体模型构建

本节将基于模型框架与因果循环分析，构建与系统要素相关的变量，建立考虑口碑传播和不同市场结构的新能源汽车市场扩散模型。

1. 模型假设

在构建总体系统动力学模型之前,为了聚焦研究重点,需要对模型提出下列假设。

(1) 潜在采纳者包括首次购车者与再次购车者,两者对新能源汽车的偏好态度存在差异,其中再次购车者是因为已有车辆达到平均使用年限而需要购买新车以作替换。

(2) 只有准备购买燃油汽车的首次购买者才受到汽车牌照限制规定的约束,当前周期无法获得牌照的首次购买者只能等待至下一周期。

(3) 顾客对新能源汽车的感知有用性、感知易用性、感知成本实际上受到多个因素的影响,但为了使模型结构更加清晰、研究目的更为明确,本章模型只选取续航里程、充电设施、汽车价格等已有研究认为与顾客采纳存在明显相关性的因素[85, 107, 90]。

(4) 考虑到目前充电桩的安装程序较为简单,结合各地提出的充电桩建设目标,本章研究认为所有的基础设施能够按照仿真情景设定的速度建设。

(5) 本章模型基准仿真情景的参数设置均参考国内 2013 年的政策规定及市场实际数据。

2. 总体模型

本章模型包括两部分,第一部分为顾客对新能源汽车的采纳过程,主要根据扩展 TAM 模型构建,即顾客的采纳意愿主要由其对于产品的感知有用性、感知易用性、感知成本所决定,具体如图 5-3(a)所示[25, 26]。首次购车者与再次购车者对同样的新能源汽车性能具有不同的偏好态度,因而导致不同的采纳决策。其中,影响感知有用性的续航里程主要与研发资金的投入相关;影响感知易用性的充电设施数量则根据政府相关规划按照一定速度增长;影响感知成本的购买价格与其生产规模有关。第一部分的模型涉及了"充电设施总量""每年新建充电设施"和"技术水平""技术改善"这两组记录系统状态的存量与流量,前者的含义与变量设置与第 4 章一致,因此它们之间的关系表达式如式 4-5 所示。后者的"技术水平"是指新能源汽车的车辆技术积累,体现的是新能源汽车技术水平,同时也是流量"技术改善"(每一时刻新能源汽车技术水平的增量)的积累状态,具体关系如式 5-1 所示,其中技术水平(0)=1。图 5-3(a)中其他辅助变量与常量变量设置见附录 3。

$$技术水平(t) = \int_0^t 技术改善(t)dt + 技术水平(0) \quad \text{(式 5-1)}$$

第 5 章 考虑市场结构及顾客交互的新能源汽车市场扩散机制研究

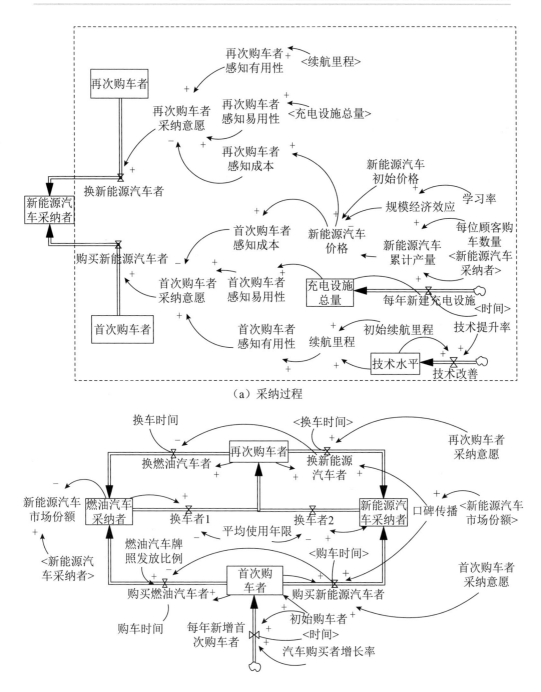

图 5-3 考虑市场结构与顾客互动的新能源汽车市场扩散模型

第二部分为新能源汽车的市场扩散过程，如图 5-3（b）所示，它在图 4-3 的基础上考虑了口碑传播与燃油汽车牌照发放限制规定的影响，具体分析如下。

（1）口碑传播（正向口碑与负向口碑）：顾客在采纳新能源汽车后获得了其实际效用的感知，通过社交活动中向他人描述相关信息和使用感，进而影响他人的采纳决策。根据 Bass 扩散模型，在新产品技术的扩散过程中，除了早期采纳者，其余潜在采纳者都会受到口碑传播的影响[45]。在本章模型中，口碑传播除了连接新能源汽车采纳者与潜在采纳者，也实现了首次购车者与再次购车者之间的互动，从而动态地影响新能源汽车的市场扩散。由于口碑主要依靠采纳者传播，本模型认为口碑传播的效用与新能源汽车的市场份额相关。新能源汽车市场份额的增加，意味着有更多的采纳者进行新能源汽车的信息传播，从而扩大口碑传播的范围，增强其影响作用。此外，本章研究同时考虑了正向与负向的口碑传播。根据 East 等（2007）的研究发现，正向口碑与市场份额呈正相关；Chen 等（2011）在 *Journal of Marketing* 中的研究则指出小的市场份额将给顾客带来产品质量较低的信号，从而导致负面的口碑[224, 225]。因此，本章模型认为当新能源汽车市场规模较小时，由于顾客对于新事物的怀疑态度与模糊感知，市场以负向口碑传播为主导，对顾客的采纳决策产生消极影响；随着新能源汽车市场规模的增长，市场以正向口碑传播为主导，对顾客采纳行为产生积极影响。具体表达式可见附录 3。

（2）燃油汽车牌照发放限制规定：我国为了减少燃油汽车的增长量，缓解交通拥堵、环境污染等问题，在全国汽车保有量较大的城市使用牌照摇号方式实行了燃油汽车限购（上海市只采用牌照竞拍方式进行限购）。牌照摇号方式是指市级交通运输部门每月均给出一个汽车配置指标，然后随机抽取符合指标数量的购车者给予发放牌照。目前，实行汽车限购的大部分城市所给予的新能源汽车配置指标能够满足顾客对新能源汽车的牌照需求。结合上述分析可以认为：该规定仅对燃油汽车首次购买者进行了限制（换车者可以使用原有牌照），通过减少当前时刻的燃油汽车购买者数量，可以改变汽车市场的顾客结构。本章模型根据我国汽车限购城市的牌照中签率及其汽车保有量的比例求得基准情景中"燃油汽车牌照发放比例"的变量取值。

由于这一部分模型所涉及的存量与流量之间的关系与第 4 章模型的市场扩散部分基本一致，因此关系表达式可参见式 4-1 至式 4-5，其他辅助变量与常量变量的设置可见附录 3。

5.2 模型检验

在进行模型仿真之前，需要对本章构建的系统动力学模型进行全面的模型检验。本章模型检验共包括模型结构检验、基于模型结构的系统行为检验和基于历史数据的系统行为检验[214, 215]。关于各个检验的介绍详见 4.3 节，下面将展示本章模型的检验结果。

5.2.1 模型结构检验

本章模型的结构检验结果如表 5-1 所示，各检验项的检验内容请参考表 4-4。

表 5-1 模型结构检验的内容及结果

检 验 项	分　　析	结　果
结构性检验	本章模型的各个变量及变量之间的关系均基于已有的新能源汽车、技术采纳等相关文献和行为实验数据所建立，因此可以认为本章模型能够准确反映现实系统的因果关系和逻辑结构	通过检验
参数检验	本章模型的常量变量取值均参考市场历史数据，并向两位新能源汽车和系统动力学领域的专家对常量变量取值进行了咨询	通过检验
边界检验	模型中的关键变量，除"燃油汽车牌照发放率""汽车购买者增长率"等常量变量以外，均为内生变量，变量状态均受到系统状态所影响；所有变量状态具体可见附录 3	通过检验
维度检验	使用 Vensim 软件所提供的"Unit Check"功能对模型变量的单位进行了检验	通过检验

5.2.2 基于模型结构的系统行为检验

1. 极端值检验

本章将对"汽车购买者增长率""平均使用年限""首次购车者的不对称传播影响"等七个关键常量变量设置极端值，并对系统行为进行相关分析，具体设置与检验结果见表 5-2。

当被检验的变量处于高水平时，如非常高的汽车购买者增长率、技术提升速率以及非常长的续航里程，新能源汽车的采纳者数量和市场份额都处于一个快速增长的趋势；反之，新能源汽车的采纳者数量和市场份额则处于缓慢增长或无增长的状态。当系统的平均使用年限非常短、燃油汽车牌照发放比例、学习率（较高的造车技术水平）和新能源汽车初始价格非常低时，新能源汽车的采纳者数量和市场份额都处于快速增长状态；反之，则处于缓慢增长状态。需要特别说明的是，当平均使用年限为1时，新能源汽车的采纳者数量和市场份额呈现锯齿状的增长趋势，原因和4.3.2节的极端值检验中描述的原因一致。综合上述分析，检验结果符合现实系统的预期行为。

表 5-2 极端值检验参数设置及结果

检验序号	极 端 情 况	参 数 设 置	检验结果
1	非常高的汽车购买者增长率	汽车购买者增长率 =50%	通过检验
2	非常低的汽车购买者增长率	汽车购买者增长率 =0%	通过检验
3	非常高的燃油汽车牌照发放比例	燃油汽车牌照发放比例 =100%	通过检验
4	无燃油汽车牌照发放	燃油汽车牌照发放比例 =0%	通过检验
5	非常长的平均使用年限	平均使用年限 =30	通过检验
6	非常短的平均使用年限	平均使用年限 =1	通过检验
7	非常高的技术提升速率	技术提升速率 =1	通过检验
8	非常低的技术提升速率	技术提升速率 =0	通过检验
9	非常长的初始续航里程	初始续航里程 =600	通过检验
10	非常短的初始续航里程	初始续航里程 =0	通过检验
11	非常高的学习率	学习率 =1	通过检验
12	非常低的学习率	学习率 =0.7	通过检验
13	非常高的新能源汽车初始价格	新能源汽车初始价格 =1 000 000	通过检验
14	非常低的新能源汽车初始价格	新能源汽车初始价格 =10 000	通过检验

2. 敏感性检验

本小节将对模型中"汽车购买者增长率""燃油汽车牌照发放比例"等五个影响系统运行的关键变量进行敏感性检验，对变量设置不同的取值并分析对应的系统行为，具体参数设置如表5-3所示，对应结果则如图5-4所示。

表 5-3 敏感性检验参数设置

检验序号	变 量	参 数 设 置
1	汽车购买者增长率	0%, 5%, 10%, 15%, 20%
2	燃油汽车牌照发放比例	0%, 20%, 40%, 60%, 80%, 100%
3	学习率	70%, 75%, 80%, 85%, 90%, 95%
4	每年新建充电设施	200 000, 400 000, 600 000, 800 000, 1 000 000
5	技术提升速率	0%, 5%, 10%, 15%, 20%, 25%

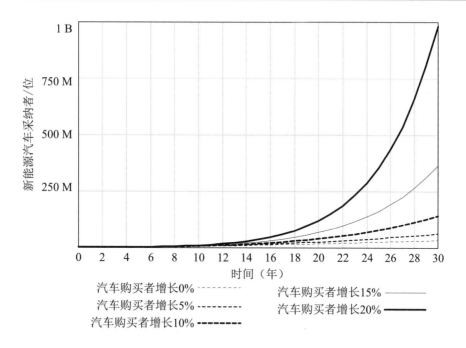

（a）汽车购买者增长率

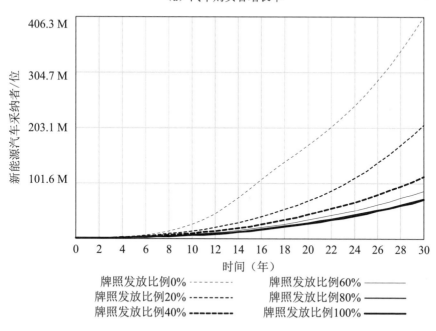

（b）燃油汽车牌照发放比例

图 5-4　敏感性检验结果

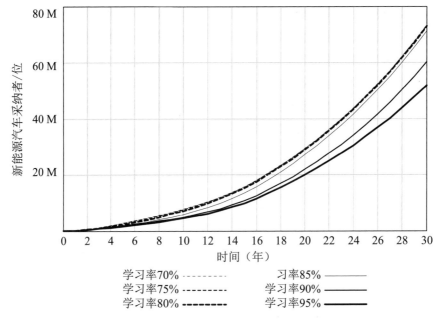

(c) 学习率

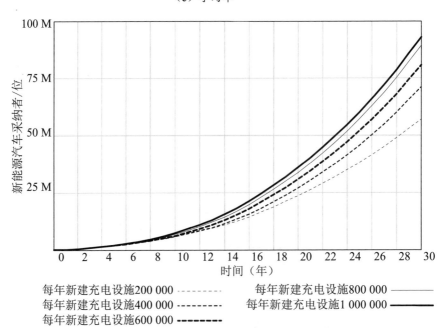

(d) 每年新建充电设施

图 5-4 （续）

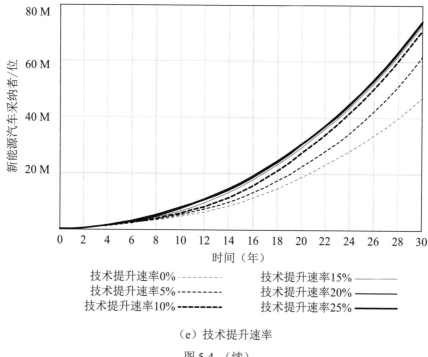

（e）技术提升速率

图 5-4 （续）

从图 5-4（a）中可以看出，新能源汽车的采纳者数量随着汽车购买者增长率的上升而增加。在现实情景中，汽车购买者的增长意味着汽车市场的扩大，市场中将有更多的潜在采纳者，从而增加新能源汽车采纳者数量。由于燃油汽车牌照发放率的降低限制了首次购买燃油汽车的顾客数量，可能使得无法购买燃油汽车的顾客转向新能源汽车，从而增加新能源汽车采纳者的数量，这与图 5-4（b）中新能源汽车采纳者随燃油汽车牌照发放率的降低而增加的结果一致。而学习率的下降体现了规模经济效应的提高，导致新能源汽车的价格下降速度加快，吸引更多的顾客，与图 5-4（c）展示的结果一致。由图 5-4（d）可见，系统中新能源汽车的采纳者随着每年新建充电设施的增加而增加，这是由于充电便利性提高后，将提高顾客对新能源汽车的采纳意愿。从检验结果图 5-4（e）可以看出，新能源汽车采纳者数量随着技术提升速率的提高而增加，这是因为技术的提升将有效提高新能源汽车的续航里程，从而提高顾客对其的感知有用性，可见本章模型的系统行为与现实系统的预期行为一致。

综上所述，随着关键变量的取值变化，本章模型呈现了与现实系统相符的行为模式，因此可以认为本章模型通过了敏感性检验。

3. 积分误差检验

为检验所选用的积分区间和积分方法是否会给系统行为带来影响，这里首先选取 1、0.5 和 0.25 作为模型计算的三个积分区间，并发现这三个对应的仿真结果趋势一致。接着，分别使用 Euler 积分法和 Runge–Kutta 积分法进行仿真计算，同样得到了一致的系统行为模式。综上，本章模型通过了积分误差检验。

5.2.3　基于历史数据的系统行为检验

为对本章模型进行基于历史数据的系统行为检验，这里选取 2013—2017 年中国新能源汽车保有量的数据（2013—2014 年的新能源汽车保有量无法查询，以累计销售量替代）与仿真结果对比，检验结果如图 5-5 所示。根据检验结果可以看出，历史数据与仿真结果呈现一致的趋势，即本章模型能够较好地反映现实系统。

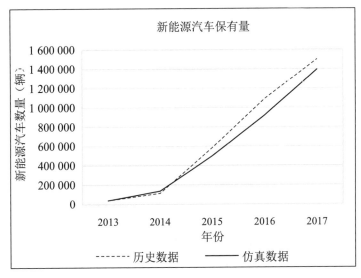

图 5-5　基于历史数据的系统行为检验结果

5.3　模型仿真结果分析

本章将对模型进行两部分的仿真。第一部分主要针对汽车市场结构设置不同的仿真情景，以分析市场结构对新能源汽车市场扩散的影响；第二部分从技术采纳理论出发，针对首次购车者与再次购车者的感知差异进行不同市场结构下的新能源汽车市场扩散仿真。

5.3.1 基于市场结构的模型仿真

根据已有文献的研究结论以及本书的行为实验数据可知，顾客决策具有异质性。在新能源汽车市场中，首次购车者和再次购车者由于存在驾驶经验和习惯上的差异，对于新能源汽车的效用感知差异明显。我们发现不同发展状态下的汽车市场具有不同的顾客结构，两类购车者的比例存在较大差异。举例而言，美国作为汽车产业发展最早的国家之一，目前汽车普及率已高达每千人 837 辆，其汽车市场渐趋饱和，首次购车者比例较低；我国的汽车市场仍处于快速发展阶段，汽车普及率为每千人 223 辆[①]。因此，这里将针对市场结构设置相关仿真情景，进而分析不同市场结构下新能源汽车市场扩散的演进模式。

1. 关于汽车市场增长率的仿真分析

"汽车购买者增长率"和"每年新增首次购车者"是本章模型中与市场结构相关的两个变量，它们代表着新进入市场的首次购车者的增长速率和比例，同时也是汽车市场的属性之一。不同的变量值代表着不同发展程度的汽车市场结构，具体的情景设置见表 5-4。这一部分的仿真以中国汽车市场为基准情景（S1-3），相关变量也根据中国市场数据来设置，可通过增减汽车购买者增长率和新增首次购车者的基数来设置其他市场情景。

表 5-4 与汽车市场增长率相关的仿真情景参数设置

情景序号	情 景	汽车购买者增长率	每年新增首次购车者[a]
S1-1	饱和汽车市场，无新增首次购车者	0	0
S1-2	趋近饱和的汽车市场，新增首次购车者较少	3%	5.2863e+06×0.5×(1+汽车购买者增长率)^(时间)
S1-3	我国汽车市场增长情况	6%	5.2863e+06×(1+汽车购买者增长率)^(时间)
S1-4	高速发展的汽车市场，新增首次购车者较多	9%	5.2863e+06×1.5×(1+汽车购买者增长率)^(时间)

注：a. 为 2013 年我国汽车保有量的 6%（汽车购买者增长率）。

基于表 5-4 的仿真结果如图 5-6 所示。从图 5-6（a）和（b）中可以看出，首次购车者比例的提升对于促进顾客采纳与新能源汽车扩散有显著作用。其中，首次购车者的增加对于顾客采纳的促进作用呈现边际递增，如图 5-6（a）所示；

[①] 资料来源：International Organization of Motor Vehicle Manufacturers 发布数据，https://www.oica.net/category/vehicles-in-use/.

对于新能源汽车市场扩散的作用却是边际递减的，如图 5-6（b）所示。

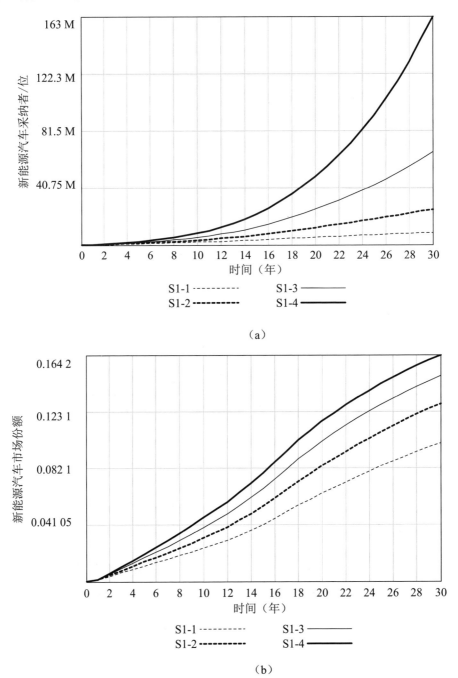

图 5-6　关于汽车市场增长率的仿真结果

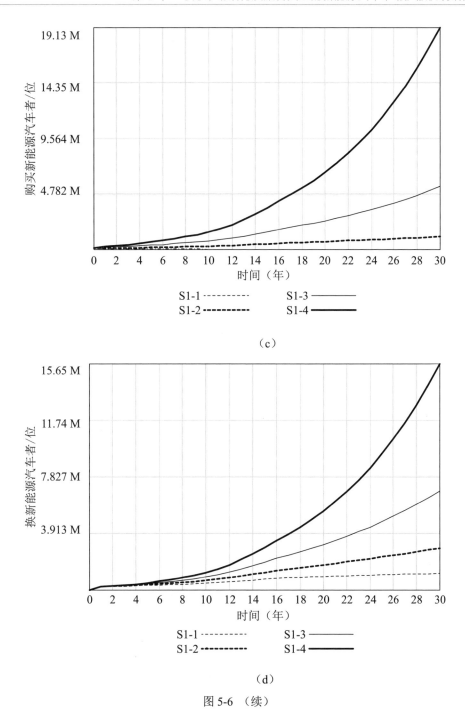

图 5-6 （续）

新能源汽车采纳者由首次购买新能源汽车者和换新能源汽车者组成，在快速发展的汽车市场中，首次购车者与汽车市场网络一样呈现指数增长，因此在仿真结果[见图5-6（c）]中首次购买新能源汽车者的增长是随着市场增长率边际递增的；而换新能源汽车者与新能源汽车采纳者、再次购车者之间存在正向反馈，因此同样呈现边际递增的增长模式。两者共同作用促成了顾客采纳边际递增的结果。虽然新能源汽车扩散的演进模式也受到市场增长模式的影响，但新能源汽车在扩散过程中还存在与燃油汽车的替代作用，市场的增长既增加了新能源汽车的潜在首次采纳者数量，同时也促进了燃油汽车的发展，通过替代作用抑制了新能源汽车的市场扩散，总体上依然遵循"S型"的演进模式。

此外，由于系统中存在口碑传播的循环反馈，对于接近饱和的市场，其新能源汽车的早期市场扩散主要依靠再次购车者的换车行为。早期市场规模的缓慢增长将影响正向口碑传播，负向口碑传播循环将抑制新能源汽车市场的进一步扩散。快速发展的汽车市场具有较多的首次购车者，能够促进口碑的正向转化，进而强化口碑传播的正向循环，尤其是对于新能源汽车这样的耐用品，首次购车者能够在早期加速市场网络的拓展。这一结果在现实市场中也得到了印证。我国新能源汽车发展相比欧美等国家虽然起步较晚，但由于大量的首次购车者进入市场，其市场优势逐渐显现，目前我国新能源汽车产销规模已是全球第一。

2. 关于燃油汽车牌照发放比例的仿真分析

在本章模型中，与市场结构相关的变量还包括"燃油汽车牌照发放比例"。这是我国为限制燃油汽车增长而采取的措施，通过限制每一时刻首次购买燃油汽车者的数量，影响首次购车者的积累和向采纳者的转化。具体仿真情景设置见表5-5。

表5-5 与燃油汽车牌照发放比例相关的仿真情景参数设置

情景序号	情 景	燃油汽车牌照发放比例
S2-1	无燃油汽车牌照发放	0%
S2-2	较低的燃油汽车牌照发放比例	20%
S2-3	中等的燃油汽车牌照发放比例	50%
S2-4	较高的燃油汽车牌照发放比例	80%
S2-5	我国燃油汽车牌照发放比例	92%[a]
S2-6	无汽车牌照发放限制	100%

注：a. 根据北京、广州、深圳、天津、杭州、贵阳六个汽车限购城市的牌照中签率及其汽车保有量的比例求得。

基于表 5-5 的仿真结果如图 5-7 所示。如图 5-7（a）和（b）所示，当燃油汽车牌照发放比例降低至 80%（曲线 S2-4）以下，其对新能源汽车的促进作用开始显现，并随着发放比例的下降呈现递增趋势。燃油汽车牌照限购规定虽然限制了汽车市场的总体规模增长，却为系统积累了更多的首次购车者，增加了新能源汽车的潜在采纳者。再者，对于无法获得牌照的首次燃油汽车购买者，一部分将在系统继续等待，另一部分顾客可能转向采纳新能源汽车。随着新能源汽车市场规模的增长，通过口碑传播和规模经济效应，更广泛的正向信息传播和更低的价格将吸引更多的再次购车者采纳新能源汽车，进一步促进新能源汽车的市场扩散。

此外，全面禁止燃油汽车牌照的发放能够大力促进新能源汽车采纳 [见图 5-7（a）曲线 S2-1] 并加速市场扩散进程 [见图 5-7（b）曲线 S2-1]。然而，这一措施将导致燃油汽车市场的迅速下降 [见图 5-7（c）曲线 S2-1]。对于大部分国家而言，燃油汽车产业依然是实体经济的支柱产业，我国汽车行业对于国民经济发展的拉动作用在 10% 以上，并对石油、钢材、橡胶等多个行业产生直接影响。因此，燃油汽车市场的下降将对国家总体经济产生不利影响。

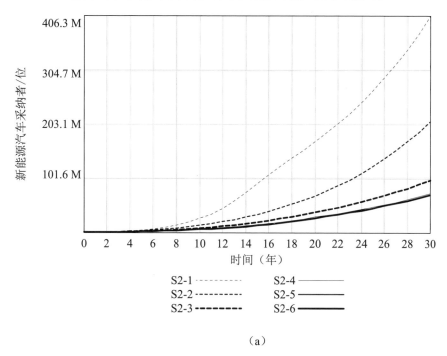

(a)

图 5-7 关于燃油汽车牌照发放比例的仿真结果

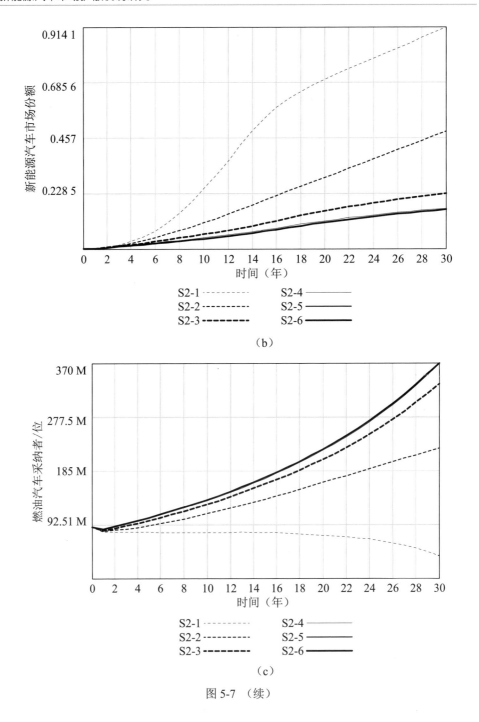

图 5-7 （续）

5.3.2 基于顾客采纳异质性的模型仿真

根据本章的模型分析可知，首次购车者与再次购车者对于新能源汽车的感知和偏好存在差异。基于扩展 TAM 模型，顾客对新能源汽车的效用感知可分为感知有用性、感知易用性和感知成本三个方面，并分别与续航里程、充电设施建设和价格等属性相关[25, 26]。下面将针对市场结构和顾客对新能源汽车的效用感知差异设置相关情景（见表 5-6 至表 5-8），从而分析顾客采纳的异质性如何影响新能源汽车的市场扩散过程。

表 5-6 不同市场结构下新能源汽车感知有用性的仿真情景参数设置

情景序号	情景		汽车购买者增长率	技术提升速率[a]
	市场结构	感知有用性		
S3-1-1	趋近饱和汽车市场，首次购车者比例较低	续航里程缓慢提升	3%	10%
S3-1-2		续航里程平稳提升	3%	20%
S3-1-3		续航里程快速提升	3%	30%
S3-2-1	高速发展汽车市场，首次购车者比例较高	续航里程缓慢提升	9%	10%
S3-2-2		续航里程平稳提升	9%	20%
S3-2-3		续航里程快速提升	9%	30%

注：a. 模型假设与续航里程相关的技术按照一定速率提升，从而提高新能源汽车的续航里程。

表 5-7 不同市场结构下新能源汽车感知易用性的仿真情景参数设置

情景序号	情景		汽车购买者增长率	每年新建充电设施
	市场结构	感知易用性		
S4-1-1	趋近饱和汽车市场，首次购车者比例较低	充电设施缓慢增长	3%	200 000
S4-1-2		充电设施平稳增长	3%	400 000
S4-1-3		充电设施快速增长	3%	600 000
S4-2-1	高速发展汽车市场，首次购车者比例较高	充电设施缓慢增长	9%	200 000
S4-2-2		充电设施平稳增长	9%	400 000
S4-2-3		充电设施快速增长	9%	600 000

表 5-8 不同市场结构下新能源汽车感知成本的仿真情景参数设置

情景序号	情景		汽车购买者增长率	学习率[a]
	市场结构	感知成本		
S5-1-1	趋近饱和汽车市场，首次购车者比例较低	新能源汽车价格缓慢下降	3%	90%
S5-1-2		新能源汽车价格平稳下降	3%	80%
S5-1-3		新能源汽车价格快速下降	3%	70%
S5-2-1	高速发展汽车市场，首次购车者比例较高	新能源汽车价格缓慢下降	9%	90%
S5-2-2		新能源汽车价格平稳下降	9%	80%
S5-2-3		新能源汽车价格快速下降	9%	70%

注：a. 本章模型利用学习曲线刻画规模经济对新能源汽车价格下降的影响[201]。

在不考虑市场结构的情况下，关于顾客感知的仿真结果见图 5-8（a）—（c）中前 3 条或后 3 条曲线。结果发现顾客关于新能源汽车不同效用的感知对其采纳行为与市场扩散有如下影响。

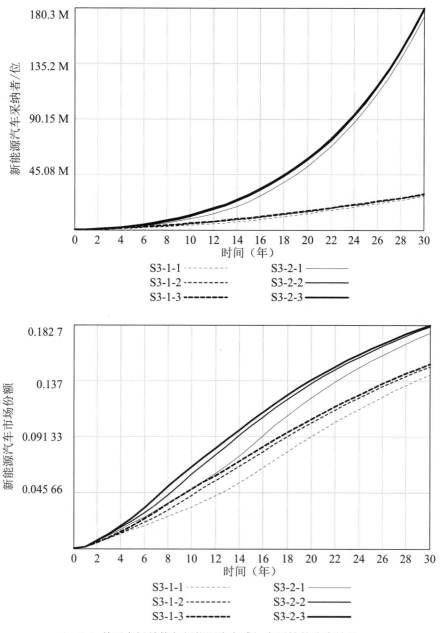

（a）关于市场结构与新能源汽车感知有用性的仿真结果

图 5-8 关于市场结构与新能源汽车效用感知的仿真结果

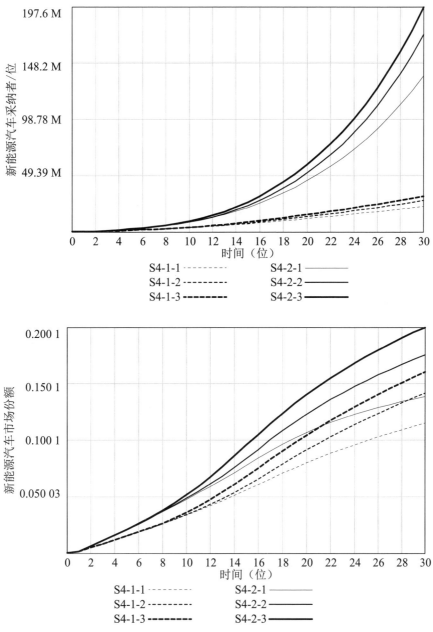

（b）关于市场结构与新能源汽车感知易用性的仿真结果

图 5-8 （续）

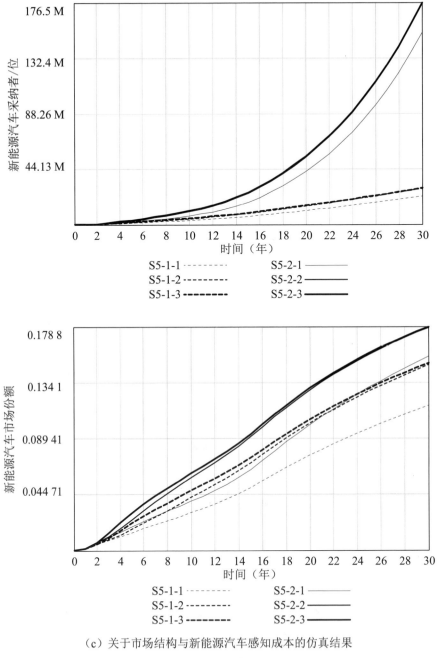

（c）关于市场结构与新能源汽车感知成本的仿真结果

图 5-8 （续）

（1）从图 5-8（a）中新能源汽车采纳者与市场份额的曲线 S3-2-1、S3-2-2 和 S3-2-3 可以看出，感知有用性的促进作用存在边际递减效应。续航里程在早期的快速提升能够通过市场规模的迅速扩展，强化口碑传播在系统内的正向循环，进一步促进新能源汽车扩散。然而，当新能源汽车续航里程达到与燃油汽车相当的水平后，里程的继续提升将难以给顾客带来更高的感知有用性。如 S3-2-2 和 S3-2-3 的仿真结果显示，新能源汽车的续航里程在前八年已达到 400—500 公里，即使续航里程在情景 S3-2-3 的仿真后期以更高的速率提升，新能源汽车的市场份额增长趋势也接近于情景 S3-2-2。

（2）顾客对新能源汽车的感知易用性对新能源汽车的市场扩散同样存在促进作用。对图 5-8（b）中新能源汽车采纳者与新能源汽车市场份额的曲线 S4-2-1、S4-2-2 和 S4-2-3 进行分析，可以发现充电设施建设速度的提升对新能源汽车扩散的促进作用在仿真前期呈现边际递增，在中后期则是边际递减。因此，政府应尽早引入商业投资以进一步加快充电设施的建设，而相关企业也应在早期进入充电设施市场，以更好地提高资金与资源的利用率，尽早抢占市场。

（3）顾客关于新能源汽车的成本感知对系统行为存在促进作用，但作用随成本下降速度的提升呈现边际递减趋势。尤其是在仿真中后期，新能源汽车价格达到较低水平时，进一步的成本下降对采纳与扩散的正向作用并不明显。因此，新能源汽车价格虽然是顾客采纳的主要障碍，但降低价格不是保持新能源汽车市场持续发展的有效措施。政府与汽车企业都应该根据新能源汽车的技术与市场发展动态且及时地调整相关政策与经营措施。

考虑市场结构的仿真结果如图 5-8 所示。虽然首次购车者对于新能源汽车各个属性的态度相对宽容，但从仿真结果看来，在不同的市场结构下，感知有用性与感知成本的提升对于系统行为的增长模式影响并不明显。因此，即使市场结构存在差异，发达国家关于技术研发和价格补贴等推广措施对我国新能源汽车市场发展也有一定的参考意义。然而在发展中市场，大比例的首次购车者将放大感知易用性对新能源汽车扩散的促进作用 [对比图 5-8（b）新能源汽车采纳者和市场份额中曲线 S4-1-1、S4-1-2、S4-1-3 和 S4-2-1、S4-2-2、S4-2-3 之间的差距]。因此，对于处在快速发展状态的汽车市场，充电设施建设等提高顾客感知易用性的措施对促进新能源汽车市场扩散的效果更好。

5.4 基于仿真结果分析的管理建议

通过模拟不同市场结构下的新能源汽车扩散过程，本章深入探讨了顾客采纳行为的差异对市场扩散模式的影响。仿真结果显示首次购车者有效放大了新能源汽车感知易用性的促进作用，并通过加速系统内的正向口碑传播与加强规模经济效应促进新能源汽车的早期市场扩散。因此，我们按照首次购车者和再次购车者的比例，将汽车市场划分为高速发展汽车市场（首次购车者较多，市场增长率较高）和趋近饱和汽车市场。下面将从宏观与微观层面，针对高速发展汽车市场和趋近饱和汽车市场给出相关的管理建议。

在宏观层面，应关注不同市场结构下的口碑效应影响，并且善用限制性政策对市场结构进行适当调整，具体建议如下：

（1）在市场推广方面，汽车企业和经销商应加强口碑营销，如设立新能源汽车体验中心拓展顾客信息的获取渠道；建立相关的新能源汽车协会，加强汽车企业对新能源汽车的间接口碑管理；推出好友邀请购车优惠等营销方案，强化顾客口碑传播的动机[226]。对于快速发展的汽车市场而言，由于具有高比例的首次购买者，在推广营销上应更多地关注这部分顾客的需求与偏好，以尽早积累更多的用户从而增强口碑效应的正面影响。

（2）5.3.1节中关于燃油汽车牌照发放比例的仿真结果显示，我国当前的限购力度尚不足以对全国范围内的新能源汽车市场扩散产生明显的促进作用。由于该政策更适用于高速发展的汽车市场，政府可以考虑将其推广至一些汽车市场发展速度较快，首次购车者较多的二、三线城市，以更好地利用我国汽车市场的市场结构优势。

（3）在提高燃油汽车限购力度的同时，须确保燃油汽车行业的稳定发展，使得新能源汽车替代燃油汽车的过程快速平稳地进行。因此，政府可以对燃油汽车行业采取相关措施，如支持传统汽车企业转型发展，将总体产能计划从燃油汽车转型至新能源汽车；鼓励和扶持具有技术优势的新兴新能源汽车企业发展，为我国汽车市场注入新活力并提升技术竞争优势。

在微观层面，不同市场中新能源汽车扩散模式的差异主要源于个体顾客的异质性。根据5.3.2节中关于顾客采纳异质性的仿真结果，下面给出与顾客效用感知相关的管理建议。

（1）提高充电设施建设的速度，提升顾客对新能源汽车的感知易用性。根据仿真情景S4-1-1至S4-2-3的结果分析，首次购车者能够放大感知易用性的促进作用。因此，高速发展的汽车市场应该更加关注充电设施的建设。尤其是在新能源汽车发展早期这一关键阶段，充电设施建设速度的提升能够加速市场规模的扩大，从而强化正向口碑传播和规模经济效应。目前，我国的充电设施建设主要依靠政府投资，建设速度难以满足顾客需求。针对这一情况，我们建议政府：结合社交商务、共享经济等新业态，创新新能源汽车充电商业模式，吸引更多的商业投资；促进国家电网与充电运营商的合作，加速充电桩接入电网；统一新能源汽车充电相关的技术标准，推动充电设施行业的发展，同时也提高车主的充电便利性；参考英国充电网络布局策略，与石油企业合作，在原有的加油站加设充电设施，一方面可以更好地解决建设用地问题，另一方面提高充电设施建设成果的可视性，以及顾客对新能源汽车的感知易用性。

（2）拓展新能源汽车的性能，提高顾客对新能源汽车的感知有用性。续航里程作为汽车的基本属性，是其有用性的重要体现。然而，目前新能源汽车续航里程已达到300～500公里，基本满足顾客需求，进一步的里程提高不但难度大、成本高，对于增加新能源汽车感知有用性的效果也不如早期明显。因此，我们提出以下建议以拓展新能源汽车的性能：增加新能源汽车的效用，融合新兴智能信息技术，将新能源汽车打造成新一代智能移动终端；培育共享新能源汽车等以新能源汽车为载体的新兴业态，鼓励物流、运输等企业采用新能源汽车，既能拓展新能源汽车的实际用途，又能增强顾客对其有用性的感知。

（3）完善相关补贴政策，降低顾客对新能源汽车的感知成本。根据情景 S5-1-1 至 S5-2-3 的结果分析，感知成本的降低有助于顾客对新能源汽车的采纳，但其促进作用却随着下降速度呈现明显的边际递减。针对这一结果，我们建议政府：在发展初期，加速生产成本下降、给予购车补贴等相关措施应在新能源汽车价格高于燃油汽车的阶段推行，这样能够更好地发挥其效用；完善个人补贴政策，增强顾客对新能源汽车成本下降的感知；促进中外汽车企业合作，既能够整合双方的技术优势，加速新能源汽车的生产成本下降，又可以通过在我国建立汽车厂房，可减少进口运输、相关税费等新能源汽车生产环节以外的成本。

（4）5.3.2 节中的仿真结果显示，不同市场中，感知有用性的提高和感知成本下降对新能源汽车采纳与扩散趋势大致相似，并不会因为市场结构的差异而改变这两者的促进作用。因此，我们认为上述（1）和（3）的意见均匀适合高速发展和趋近饱和的汽车市场，而且欧美等国家由于新能源汽车发展较早，相关的发展经验对我国也有一定的借鉴意义。然而充电设施建设等相关措施在趋近饱和的汽车市场中的作用不及高速发展汽车市场明显。因此，政府和相关企业在进行充电设施建设的投资和规划时，需要充分考虑所处汽车市场的发展阶段以及当前的设施规模，合理分配资金，最大化相关资源的效用。

5.5 本章小结

本章建立了考虑市场结构和顾客互动的新能源汽车市场扩散系统动力学模型，从宏观角度分析个体采纳行为差异与顾客互动关系如何影响新能源汽车的市场扩散过程。首先，基于已有研究结论和第 3 章的行为实验数据，我们根据顾客对新能源汽车的偏好差异将顾客分为首次购车者和再次购车者，并结合 TRA 理论与扩展 TAM 模型，给出本章模型的框架以及因果循环分析。其次，对完整的系统动力学模型进行了模型结构检验、基于模型结构的系统行为检验、基于历史数据的系统行为检验等多项检验。最后，考虑到不同市场的顾客结构差异，针对不同顾客对新能源汽车有用性、易用性和成本的感知差异，设置了高速发展与饱和汽车市场下的仿真情景，并通过对仿真结果的分析，为政府和汽车企业给出相关的管理建议，以促进新能源汽车的发展。具体结论如下：

（1）首次购车者由于能够加速新能源汽车市场规模的扩大，促进口碑的正向转化和强化系统中的规模经济效应，对新能源汽车的早期市场扩散具有积极作用。因此，高速发展的汽车市场（具有更高比例的首次购车者）应该充分利用其市场结构优势，在技术研发、政策制定上更多关注首次购车者的偏好与需求，通过促进首次购车者对新能源汽车的早期采纳，带动其他潜在采纳者进入市场，从而加速整个市场的扩散。

（2）燃油汽车限购规定通过积累更多新能源汽车的潜在采纳者，对新能源汽车市场扩散产生一定的促进作用，且促进的作用随限购力度提高而增强。然而，仿真结果显示，我国目前的限购力度不足以对新能源汽车市场扩散产生明显的促进作用。

（3）明确了新能源汽车感知有用性、感知易用性和感知成本在不同的市场结构下对于系统行为的作用机理。

第 6 章　考虑牌照政策干预的新能源汽车市场扩散机制研究

为了控制机动车数量、减少交通拥堵和降低环境污染，我国在北京、上海、广州、深圳等汽车保有量较高的城市实行了牌照摇号、牌照拍卖等措施，以对燃油汽车牌照进行数量的控制。这一牌照政策自实施以来，已经在多个城市取得了显著的成效，有效控制了机动车的增长速度。根据第 5 章的仿真结果，我们发现牌照政策甚至对新能源汽车的扩散具有积极作用。结合第 5 章的模型可以看出，牌照政策对新能源汽车扩散系统的直接影响主要通过改变燃油汽车首次购买者的流量来影响市场结构。然而，这种外生影响通过什么机制传导到系统内部并对扩散行为产生影响，以及该政策是否只适用于我国市场等问题有待进一步的探讨。

考虑到首次购车者是牌照政策的直接作用对象，本章将在扩散模型中进一步考虑首次购车者与再次购车者的异质性，使模型在符合现实系统的同时提供基于微观视角的机制分析。根据第 3 章的行为实验数据可知，首次购车者对新能源汽车的属性有着不同的看法。此外，首次购车者一般年龄较小，驾驶经验较少[①]。具有这些特征的人群更不容易受到风险的影响，受困于燃油汽车固有认知的程度较低[8, 169]，容易受到同龄人的影响，而不是一般的市场口碑[227]。根据 Van den Bulte 和 Joshi（2007）的观点，在这种传播情况下存在不对称影响，这表明首次购车者并不像再次购车者那样受到前期采纳者口碑的同等程度影响，而是比其他人在创新采纳方面具有更独立的决策[228]。

为此，本章在第 5 章的模型基础上，进一步考虑首次购车者的不对称传播影响，并利用该拓展模型深入分析牌照政策如何通过对市场结构的外生影响作用于新能源汽车的市场扩散。同时，针对不同的市场结构进行 "what-if" 分析，探讨该政策的适用情景。6.1 节基于我国汽车市场情景构建考虑牌照政策干预的新能

---

① 根据北京青年报与途虎联合发布的《2021 年新青年汽车报告》，中国 97% 的首次购车者年龄在 18—40 岁之间，71% 的购车者年龄在 18—30 岁之间（https://www.bjnews.com.cn/detail/161996493515844.html）。

源汽车扩散系统动力学模型；6.2 节对仿真模型进行模型验证；6.3 节则进行不同政策设置与市场结构的模型仿真，分析政策作用机制及适用情景；6.4 节则根据仿真结果为政府政策的制定提供相关管理建议；6.5 节为本章小结。

6.1 模型构建

6.1.1 模型框架及因果关系分析

本章在第 5 章模型基础上构建了考虑牌照政策干预的新能源汽车扩散模型，并在模型中加入了首次购车者的不对称传播影响。本章模型的基本框架与第 5 章相似，主要区别如下：

（1）本章重点对牌照政策的作用机制进行了分析，并在模型中考虑了该政策的网络外部性。随着燃油汽车市场规模的增长，牌照政策将提高燃油汽车牌照的获取难度。虽然该政策的直接作用对象是燃油汽车，却间接提高了新能源汽车购买的便利性，也对扩散市场结构产生了外生影响。如图 6-1 的扩散回路 1 和扩散回路 2 所示，由于潜在采纳者总量在很长一段时间内相对固定，因而会随着燃油汽车 / 新能源汽车采纳者数量的增加而减少，导致燃油汽车 / 新能源汽车增长率降低，最终形成 S 型增长趋势。这种增长趋势也是创新扩散中常见的反馈回路[141]。牌照政策的干预改变了燃油汽车扩散回路的状态，进而通过潜在采纳者数量对新能源汽车扩散回路产生影响。这种受到其他异质顾客网络规模影响的网络外部性属于外生网络外部性[173, 174]，将使扩散系统行为变得更加复杂。

（2）本模型采用了两段式扩散结构来模拟首次购车者的不对称传播影响[228]。在以往的新能源汽车传播模型中，所有潜在的采纳者都受到已有采纳者同等程度的口碑影响[8, 229]。然而，首次购车者往往是更年轻、经验更少的驾驶者，他们更愿意承担风险，较少受到燃油汽车传统观念的束缚[8, 169]。因此，首次购车者更有可能独立地进行创新采纳决定，受到口碑传播的影响更小[227]。考虑到这一点，本模型口碑效应的反馈回路如图 6-1 右下方回路所示，首次购车者与再次购车者的增加都会加强口碑传播，而首次购车者受到口碑的影响较小。

此外，在采纳阶段，扩展 TAM 模型被用来衡量顾客对关键影响因素的感知[230]。根据第 3 章分析，本模型选取续航里程、充电设施和成本等作为顾客关注的影响因素，分别对应扩展 TAM 模型中的感知有用性、感知易用性和感知成本。在这三个因素中，新能源汽车的成本通过规模经济效应受新能源汽车车主数量的影响，进而促进新能源汽车的采纳。图 6-1 的规模经济回路展示的则是规模经济效应作用于新能源汽车成本的正向反馈回路。当更多人购买新能源汽车时，经济规模将降低新能源汽车的生产成本，从而提供降价的机会；较低的价格将增加潜在采纳者对新能源汽车的购买意向，从而增加新能源汽车车主。

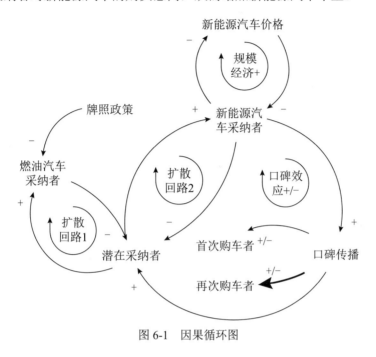

图 6-1 因果循环图

6.1.2 总体模型构建

本章总体模型与第 5 章模型相似，在 6.1.1 节中的模型框架与因果循环分析基础上增加了部分变量并调整了部分变量的设置。具体区别如下：

（1）模型假设部分。在第 5 章模型的基础上增加假设：首次购车者受新能源汽车口碑影响的程度小于再次购车者。

（2）在模型变量调整方面，本章模型增加了关于首次购车者的不对称传播影响的变量，如"首次购车者不对称传播影响"等，还对新增变量相关的原有变量设置进行了调整。所有与第 5 章模型不同的变量设置详见附录 4。

6.2 模型检验

为确保本章模型再调整后的有效性与预测准确性，本节同样对模型进行了全面的检验。下面将展示模型结构检验、基于模型结构的系统行为检验和基于历史数据的系统行为检验的结果。

6.2.1 模型结构检验

本章模型的结构检验结果如表 6-1 所示，检验项的具体内容请见表 4-4。

表 6-1 结构检验内容及结果

检验项	分　　析	检验结果
结构性检验	本章模型的逻辑关系均基于已有的相关研究结论和现实情境构建；新增变量和变量的调整主要根据相关文献的研究结果与第 3 章行为实验数据进行设置，因此可以认为本章模型能够准确反映现实系统的因果关系和逻辑结构	通过检验
参数检验	向两位新能源汽车与系统动力学领域的专家对常量变量的取值进行了咨询	通过检验
边界检验	两个模型中的关键变量，除"燃油汽车牌照发放率""汽车购买者增长率""首次购车者不对称传播影响"等常量变量，均为内生变量；模型新增变量与调整后变量的状态可见附录 4	通过检验
维度检验	使用 Vensim 软件所提供的"Unit Check"功能对本章模型进行了变量单位的检验	通过检验

6.2.2 基于模型结构的系统行为检验

1. 极端值检验

本章将对"汽车购买者增长率""平均使用年限""首次购车者不对称传播影响"等七个关键常量变量分别设置极端值，并对系统行为进行相关分析。关于模型极端值检验的具体设置与结果见表 6-2。

表 6-2 极端值检验参数设置及结果

检验序号	极 端 情 况	参 数 设 置	检验结果
1	非常高的汽车购买者增长率	汽车购买者增长率 =50%	通过检验
2	非常低的汽车购买者增长率	汽车购买者增长率 =0%	通过检验
3	非常高的燃油汽车牌照发放比例	燃油汽车牌照发放比例 =100%	通过检验
4	无燃油汽车牌照发放	燃油汽车牌照发放比例 =0%	通过检验
5	非常长的平均使用年限	平均使用年限 =30	通过检验
6	非常短的平均使用年限	平均使用年限 =1	通过检验
7	非常强的不对称传播影响	首次购车者不对称传播影响 =1	通过检验
8	非常弱的不对称传播影响	首次购车者不对称传播影响 =0	通过检验
9	非常高的学习率	学习率 =1	通过检验

续表

检验序号	极端情况	参数设置	检验结果
10	非常低的学习率	学习率=0.7	通过检验
11	非常高的新能源汽车初始价格	新能源汽车初始价格=1 000 000	通过检验
12	非常低的新能源汽车初始价格	新能源汽车初始价格=10 000	通过检验
13	非常高的充电设施建设速度	每年新建充电设施=800 000	通过检验
14	非常低的充电设施建设速度	每年新建充电设施=100 000	通过检验

"汽车购买者增长率""燃油汽车牌照发放比例""平均使用年限""学习率"与"新能源汽车初始价格"等与第5章模型一样的常量变量在本次极端值检验中呈现了相似的系统行为，均符合现实系统的预期。关于另外两个变量，当首次购车者存在非常强的不对称传播影响时，口碑效应对首次购车者影响非常小，导致仿真初期首次购车者受负面口碑的冲击较小，购买新能源汽车的首次购车者增长较快，但随着口碑转为正面口碑，该情景下的新能源汽车首次购车者增长减弱。当充电设施处于高建设水平时，首次购车者与再次购车者对新能源汽车的感知易用性均较高，增长速度也较快，进而导致更多的新能源汽车采纳者。综上分析，所有常量变量的检验结果均符合现实系统的预期行为，因此可以认为本章模型通过了极端值检验。

2. 敏感性检验

本小节将对模型中的"汽车购买者增长率""燃油汽车牌照发放比例""首次购车者不对称传播影响"等五个影响系统运行的关键变量进行敏感性检验，通过对变量设置不同的取值，分析对应的系统行为，具体参数设置如表6-3所示，对应结果则如图6-2所示。

表6-3 敏感性检验参数设置

检验序号	变量	参数设置
1	汽车购买者增长率	0%，5%，10%，15%，20%
2	燃油汽车牌照发放比例	0%，20%，40%，60%，80%，100%
3	学习率	70%，75%，80%，85%，90%，95%
4	每年新建充电设施	200 000，400 000，600 000，800 000，1 000 000
5	首次购车者不对称传播影响	0%，20%，40%，60%，80%，100%

（1）从图6-2（a）可以看出，模型中新能源汽车采纳者数量随着汽车购买者增长率的提高而增加，符合现实系统的行为模式。

（2）由图6-2（b）可见，新能源汽车采纳者随燃油汽车牌照发放率的降低而增加。在现实情景中,燃油汽车牌照发放率的降低限制了首次购买燃油汽车的顾客数量,可能使得无法购买燃油汽车的顾客转向新能源汽车,从而增加了新能源汽车采纳者的数量。显然,仿真结果与现实系统的行为模式一致。

(3)图6-2中(c)和(d)展示了"学习率"变量的敏感性检验结果。在现实中,学习率的下降体现了规模经济效应的提高,导致新能源汽车的价格下降速度加快,从而提高对顾客的吸引力。这与首次购车者与再次购车者的采纳意愿均随着学习率下降而提高的仿真结果趋势一致。

(4)图6-2中(e)和(f)展示了"每年新建充电设施"变量的敏感性检验结果。在现实中,充电设施的增加可有效提高新能源汽车的使用便利性,从而提高对顾客的吸引力。这与首次购车者和再次购车者的采纳意愿均随着该变量的增加而提高的仿真结果趋势一致。

(5)由图6-2(g)可见,新能源汽车的首次购买者数量在前中期随着"首次购车者不对称传播影响"的增加而增加。当首次购车者的独立决策程度越高时,则其受到早期负面口碑的影响越小,因此新能源汽车的首次购车者就越多。显然,仿真结果与现实系统的行为模式一致。

综上所述,随着关键变量的取值变化,本章模型呈现了与现实趋势相符的行为模式,所以可以认为本章模型通过了敏感性检验。

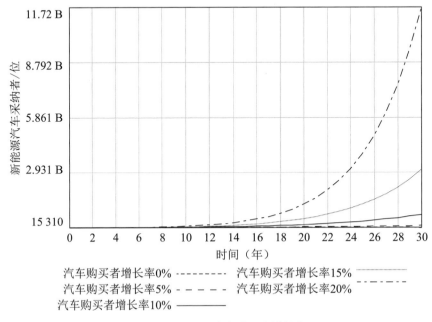

(a)汽车购买者增长率

图6-2 敏感性检验结果

第6章 考虑牌照政策干预的新能源汽车市场扩散机制研究

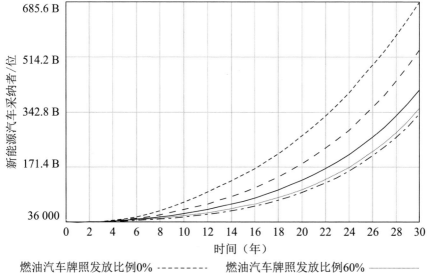

（b）燃油汽车牌照发放比例

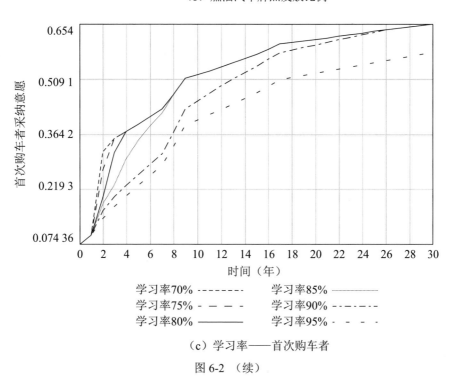

（c）学习率——首次购车者

图6-2 （续）

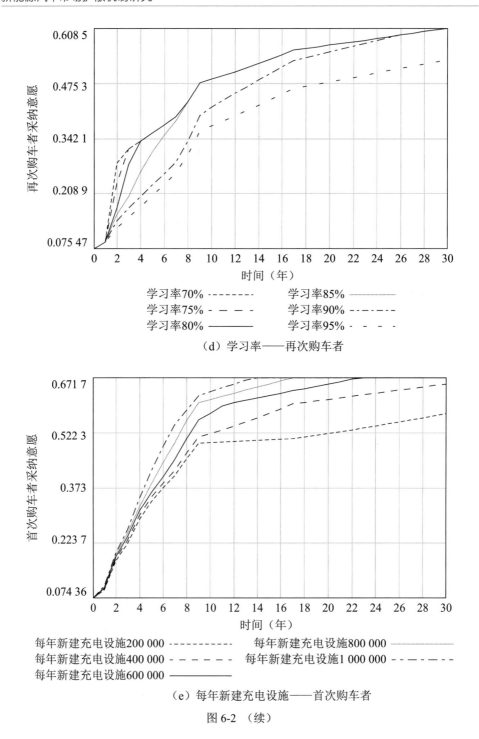

(d) 学习率——再次购车者

(e) 每年新建充电设施——首次购车者

图 6-2 （续）

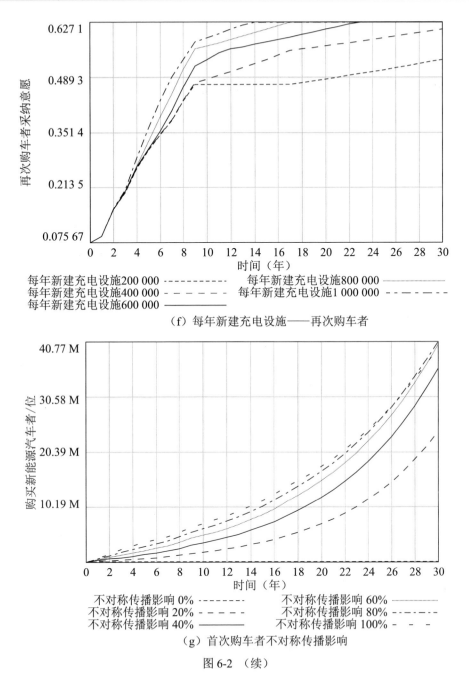

（f）每年新建充电设施——再次购车者

（g）首次购车者不对称传播影响

图 6-2 （续）

3. 积分误差检验

本小节分别选取 1，0.5 和 0.25 作为积分区间对模型进行仿真计算，发现三个仿真结果的趋势一致，即本章模型所选用的积分区间并未对系统行为带来影响。此外，我们还选用了 Euler 积分法和 Runge–Kutta 积分法对模型进行相关仿真计算，同样得到了一致的系统行为模式，排除了积分方法对系统行为产生影响的可能性。综上，本章模型通过了积分误差检验。

6.2.3 基于历史数据的系统行为检验

这里将仿真结果和2013—2022年中国新能源汽车保有量增长趋势作对比，检验结果如图6-3所示。根据检验结果可以看出，历史数据与仿真结果呈现一致的趋势，即本章模型能够较好地反映现实系统。

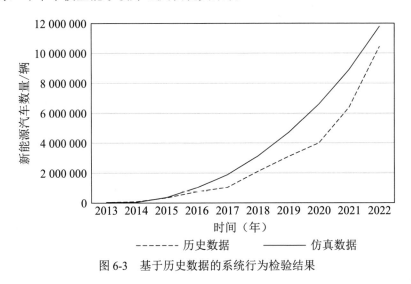

图6-3 基于历史数据的系统行为检验结果

6.3 模型仿真结果分析

本章仿真主要分为两部分，首先分析牌照政策对新能源汽车市场扩散下的影响，接着从市场结构、顾客异质性和口碑效应三个方面探讨牌照政策的作用机制。此外，对牌照政策作用及机制的分析也为探讨政策适用条件提供了分析依据。

6.3.1 关于牌照政策作用的模型仿真

牌照政策通过限制燃油汽车牌照的发放量，对汽车市场结构产生了外生的影响。第5章研究虽然也对牌照政策进行了仿真分析，但模型并未考虑首次购车者的不对称传播影响，分析的重点也只关注新能源汽车扩散随限制强度变化的演变趋势。本章研究在考虑新传播机制的基础上，通过进一步观察各个存量的变化，对政策的不同阶段作用进行了更深入的分析。具体的仿真情景设置如表6-4所示。具体结果如图6-4所示。

表 6-4 关于牌照政策作用的仿真情景参数设置

情景序号	情 景	燃油汽车牌照发放比例
S1-1	无燃油汽车牌照发放	0%
S1-2	较低的燃油汽车牌照发放比例	20%
S1-3	中等的燃油汽车牌照发放比例	50%
S1-4	较高的燃油汽车牌照发放比例	80%
S1-5	无燃油汽车牌照发放限制	100%

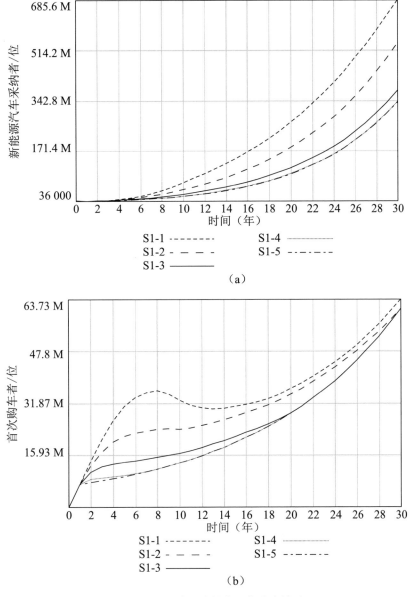

图 6-4 关于牌照政策作用的仿真结果

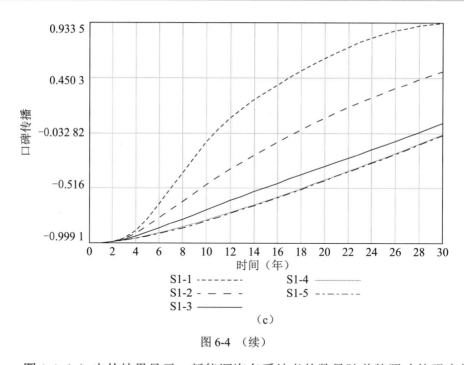

图 6-4 （续）

图 6-4（a）中的结果显示，新能源汽车采纳者的数量随着牌照政策强度的提高而增加，且政策的促进作用随限制强度增加而呈现边际递增趋势。高强度的牌照限制阻碍了汽车市场的扩张，但同时也积累了更多的潜在顾客，为新能源汽车带来更多的潜在采纳者。然而，在首次购车者具有不对称传播影响的情况下，结合图 6-2（b）和此处结果发现，只有燃油汽车牌照配额低于 60% 时，牌照政策的积极作用才会显现。可见，不同的口碑传播机制会对牌照政策作用产生影响，所以对于该政策的复杂机制也值得进一步分析。在政策作用时间方面，从"首次购车者"的仿真数据 [见图 6-4（b）] 看来，这一政策主要在新能源汽车的早期发展阶段（约仿真时间段的前十年）起作用，随后政策作用将减弱。结合口碑传播和新能源汽车成本变量的仿真数据可以推断，早期的新能源汽车在技术、成本、使用便利性上缺乏优势，而外部的干预可帮助新能源汽车市场在早期积累更多的用户。通过增加新能源汽车在市场中的曝光率可强化口碑效应。通过增强其价格的经济规模效应可降低生产成本。随着新能源汽车各属性的提升，政策的直接作用就变得不太明显。然而，早期的政策干预使得新能源汽车具备了更好的市场基础，并能在各个增强反馈作用下加速后续的扩散。这在一定程度上解释了牌照政策的促进作用随政策强度增加边际递增的现象。

6.3.2 关于牌照政策作用机制的模型仿真

从 6.3.1 节的分析可知,牌照政策的作用受到了口碑效应、传播机制等方面的影响,具有复杂的作用机制。因此,本小节将根据政策的作用对象以及相关的因素,从市场结构、顾客异质性及口碑效应三个方面对牌照政策的作用机制进行深入分析。

1. 关于牌照政策与市场结构的模型仿真

6.3.1 节的仿真结果表明,牌照政策能在市场发展初期为新能源汽车积累更多的首次购车者,从而为后续扩散提供更好的市场基础。因此,我们推断该政策可能受市场结构的影响而产生不同的效果。例如,在发展程度较高的汽车市场,可能会因为首次购车者比例较低而使得牌照政策无法发挥作用。对这一机制的分析其实也是对这一政策适用条件的探讨。为此,我们针对饱和市场与不饱和市场(首次购车者比例不同)分别设置了三个不同政策强度的情景,具体情景设置见表 6-5。

表 6-5 关于牌照政策与市场结构的仿真情景参数设置

情景序号	政策设置	市场结构设置	变量设置
S2-1-1	燃油汽车牌照配额为 10%	饱和市场:首次购车者的增长率为 3.9%	燃油汽车牌照发放比例 = 0.1
S2-1-2	燃油汽车牌照配额为 50%		燃油汽车牌照发放比例 = 0.5
S2-1-3	燃油汽车牌照配额为 90%		燃油汽车牌照发放比例 = 0.9
S2-2-1	燃油汽车牌照配额为 10%	不饱和市场:首次购车者的增长率为 7.8%	燃油汽车牌照发放比例 = 0.1
S2-2-2	燃油汽车牌照配额为 50%		燃油汽车牌照发放比例 = 0.5
S2-2-3	燃油汽车牌照配额为 90%		燃油汽车牌照发放比例 = 0.9

表 6-5 的仿真结果如图 6-5 所示。由图 6-5(a)可知,在饱和市场与不饱和市场中,新能源汽车的市场份额均随牌照政策强度增加而提高,这说明在两种市场下,牌照政策均能起到促进新能源汽车市场扩散的作用。然而,在同等强度的政策干预下,不饱和市场的市场份额均高于饱和市场,且在仿真前中期政策边际效用随强度增加会明显提高。如同样是 10% 的牌照配额,不饱和市场的新能源汽车扩散曲线(S2-2-1)已基本呈现 S 型增长曲线形态。这表明牌照政策在不饱和市场中能够更好地发挥作用。

不同市场结构下的政策作用模式是相似的。我们进一步分析了新能源汽车的"首次购车者"和"再次购车者"的仿真数据,发现首次购车者的比例放大了牌照政策对新能源汽车首次购买者的影响 [图 6-5(b)中的曲线 S2-1-1、S2-1-2 和 S2-1-3 之间的间距小于曲线 S2-2-1、S2-2-2 和 S2-2-3 之间的间距]。较高的首次购车者比例和较强的牌照政策强度都会帮助系统积累更多潜在的新能源汽车采纳者，形成强化影响。然而，在新能源汽车首次购车者向新能源汽车再次购车者的转变过程中，这种影响被减弱了。因为尽管更多的新能源汽车首次购车者可以为市场积累了更多的再次购车者，但该政策并没有直接针对再次购车者，再次购车者同时也可以是燃油的潜在采纳者。这也解释了为什么在仿真后期，政策边际效用随强度增加而提高的现象并不明显。

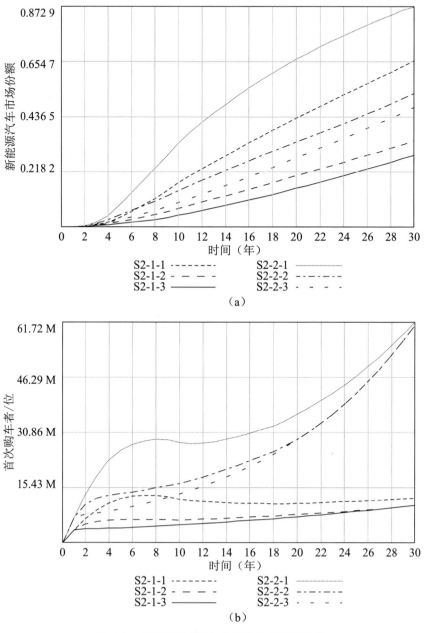

图 6-5 关于牌照政策与市场结构的仿真结果

第6章 考虑牌照政策干预的新能源汽车市场扩散机制研究

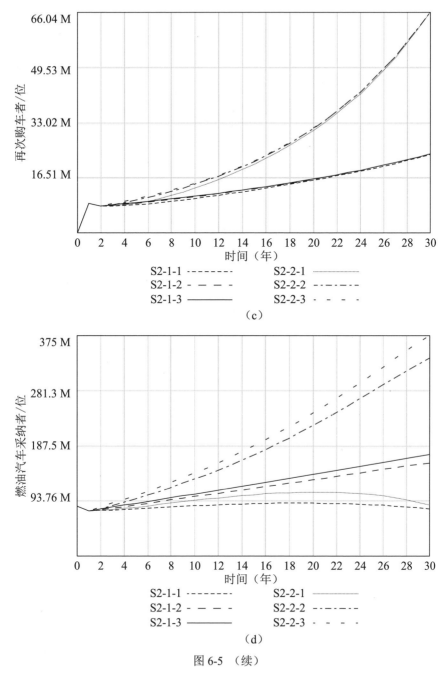

图 6-5 （续）

此外，考虑到牌照策略直接作用于燃油汽车，我们分析了燃油汽车相关的仿真数据。结果表明，牌照政策对燃油汽车增长的抑制作用随着政策强度的增加而增加。通过比较前三种情况下燃油汽车采纳者曲线的间距与后三种情况的间距[见图 6-5（d）]，可以发现首次购车者比例放大了上述效应。尽管前面提到牌照配额需要低于 60% 时，政策才能发挥促进新能源汽车扩散的显著效果，但也需要注意过高的政策强度带来的燃油汽车市场快速萎缩以及对燃油供给侧的影响。

2. 关于牌照政策与顾客异质性的模型仿真

首次购车者是牌照政策的主要作用对象，也是影响牌照政策作用的主要因素之一。前面我们分析了首次购车者比例的影响以及与其相关的政策作用机制。但这种外生的影响可能会与首次购车者的不对称传播影响形成叠加效应。为探究这一问题，本小节将基于微观视角，从顾客异质性出发，分析首次购车者的不对称传播影响与牌照政策作用的关系。我们在两种不同程度的不对称传播影响下分别设置了三种不同强度的牌照政策情景，具体的情景设置见表 6-6。

表 6-6　关于牌照政策与顾客异质性的仿真情景参数设置

情景序号	政 策 设 置	不对称传播影响设置	变 量 设 置
S3-1-1	燃油汽车牌照配额为 10%	不对称传播影响较弱：首次购车者进行新能源汽车采纳决策的独立程度较低	燃油汽车牌照发放比例 = 0.1；不对称传播影响 =0.2
S3-1-2	燃油汽车牌照配额为 50%		燃油汽车牌照发放比例 = 0.5；不对称传播影响 =0.2
S3-1-3	燃油汽车牌照配额为 90%		燃油汽车牌照发放比例 = 0.9；不对称传播影响 =0.2
S3-2-1	燃油汽车牌照配额为 10%	不对称传播影响较强：首次购车者进行新能源汽车采纳决策的独立程度较高	燃油汽车牌照发放比例 = 0.1；不对称传播影响 =0.8
S3-2-2	燃油汽车牌照配额为 50%		燃油汽车牌照发放比例 = 0.5；不对称传播影响 =0.8
S3-2-3	燃油汽车牌照配额为 90%		燃油汽车牌照发放比例 = 0.9；不对称传播影响 =0.8

表 6-6 的仿真结果如图 6-6 所示。不对称传播影响和牌照政策带来的外生影响的叠加并没有增强牌照政策的扩散促进作用，而是存在相互削弱的现象。在图 6-6（a）中，带箭头的虚线表明政策效果受到首次购车者的不对称传播影响抑制。在同样是不对称传播影响较弱的情景下，高政策强度（S3-1-1）和中等政策强度（S3-1-2）的扩散表现差异大于不对称传播影响较强的情景（S3-2-1 和 S3-2-2）下的差异。同样，带箭头的实线表示牌照政策带来的外生影响削弱了不对称传播影响的作用，即同样是中等政策强度下，弱不对称传播影响（S3-1-2）和强不对称传播影响（S3-2-2）的扩散表现差异要大于高政策强度情景（S3-1-1 和 S3-2-1）下的差异。图 6-6（b）展示了所有情景的新能源汽车采纳者

结果,其他情景同样具有上述表现。由此可知,在拥有更多独立决策顾客的市场中,可以设置较低的牌照政策强度,但使用该政策时也需要注意政策存在边际效用递减的趋势。

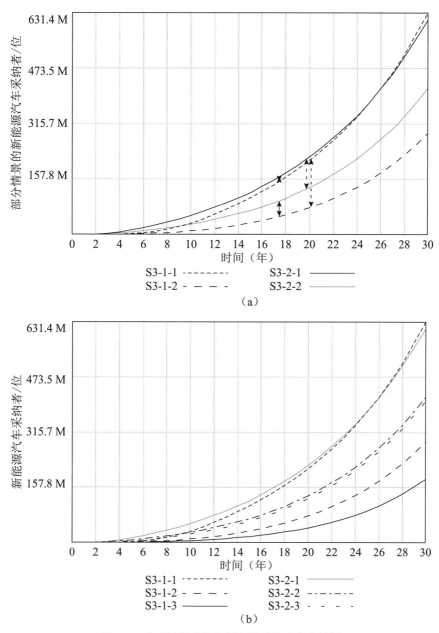

图 6-6 关于牌照政策与顾客异质性的仿真结果

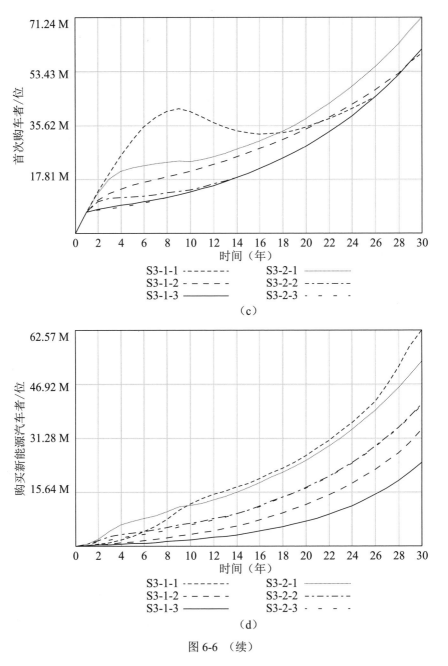

图 6-6 （续）

为了分析这一发现的原因，我们对比检查了相关数据，并确定了"首次购车者"和"购买新能源汽车者"两个关键变量 [对应仿真结果如图 6-6 中的（c）和（d）所示]。如前文所述，较强的不对称传播影响确实增加了"购买新能源汽车者"。然而，这反过来又减少了"首次购买者"的存量 [见图 6-6（c）和（d）中的曲线 S 3-1-1 和 S 3-2-1]。从前面的仿真分析可知，首次购车者存量的降低进一步削弱了牌照政策对新能源汽车扩散的积极作用。而更高的牌照政策强度使得扩散系统中保留了更多的"首次购车者",并在初期留存更多的"购买新能源汽车者"。这触发了图 6-7(根据仿真结果得出的关于牌照政策与不对称传播影响的因果循环关系)中的负向反馈回路 B1,使得仿真后期的"购买新能源汽车者"减少,抵消了不对称传播影响对新能源汽车带来更多"购买新能源汽车者"的影响。

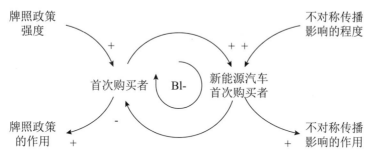

图 6-7　牌照政策与不对称传播影响的因果循环图

3. 关于牌照政策与口碑效应的模型仿真

从前面的仿真分析可知,牌照政策的作用与口碑传播相关,包括了首次购车者的不对称传播影响以及口碑效应所形成的循环反馈。本小节将重点分析牌照政策对口碑效应的作用机制。不同于牌照政策,口碑效应可直接作用于首次购车者与再次购车者,这可能将牌照政策的作用在扩散系统中传递,从而对系统行为产生复杂影响。因此,本小节将设置两种程度的口碑效应情景,分别代表创新保守市场与创新偏好市场,其中后者更容易对创新产品产生积极口碑。对应这两种市场,我们还分别设置了三个不同政策强度的情景,具体情景设置见表 6-7。

表 6-7　关于牌照政策与口碑传播的仿真情景参数设置

情景序号	政 策 设 置	口碑效应设置	变 量 设 置
S4-1-1	燃油汽车牌照配额为 10%	创新保守市场:当新能源汽车市场份额大于70%时出现积极口碑	燃油汽车牌照发放比例 = 0.1
S4-1-2	燃油汽车牌照配额为 50%		燃油汽车牌照发放比例 = 0.5
S4-1-3	燃油汽车牌照配额为 90%		燃油汽车牌照发放比例 = 0.9
S4-2-1	燃油汽车牌照配额为 10%	创新偏好市场:当新能源汽车市场份额大于30%时出现积极口碑	燃油汽车牌照发放比例 = 0.1
S4-2-2	燃油汽车牌照配额为 50%		燃油汽车牌照发放比例 = 0.5
S4-2-3	燃油汽车牌照配额为 90%		燃油汽车牌照发放比例 = 0.9

表 6-7 的仿真结果如图 6-8 所示。根据图 6-8(a)可以看出,总体上创新接受度越高(即更容易产生积极口碑),牌照政策对新能源汽车扩散的积极影响就越大,但随着对创新偏好的提高,政策的边际效用是递减的。相反,在创新保守的情景下,通过增加牌照政策的强度 [对比图 6-8(a)中的 S4-1-1 和 S4-1-2] 可

以获得更好的扩散增长。图 6-8 中的（b）和（c）则显示了背后的原因，在创新偏好情景（S4-2-1 至 S4-2-3）中，图 6-7 中的负向反馈回路 B1 被触发，导致仿真后期的"购买新能源汽车者"增长放缓，从而使得牌照政策的效用被部分抵消。因此，在创新偏好市场中，随着市场中首次购车者的减少，牌照政策的后期效率也会降低。

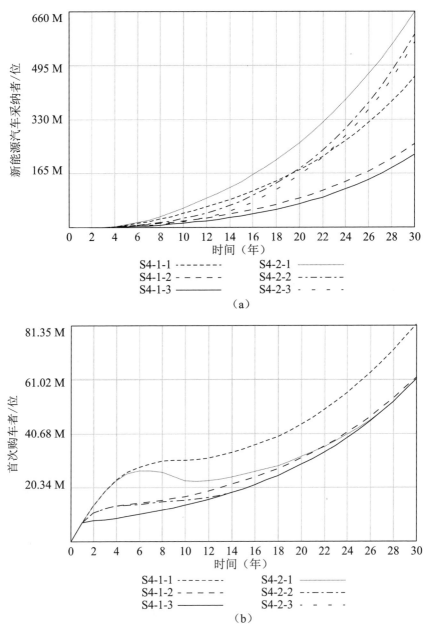

图 6-8 关于牌照政策与顾客异质性的仿真结果

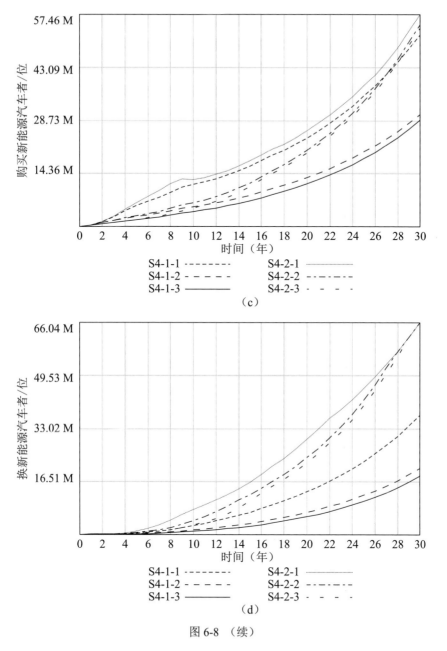

图 6-8 （续）

此外，与不对称传播的影响不同，口碑效应可以直接作用于再次购车者。通过比较图 6-8 中的（c）和（d）的"购买新能源汽车者"和"换新能源汽车者"仿真数据可知，在创新偏好的情景中，新能源汽车采纳者后期的增长更多取决于再次购车者的增长。由于前期通过首次购车者转换的再次购车者仍会受到口碑效应的影响，牌照政策的作用仍可以通过口碑效应传递给再次购车者以支撑新能源汽车的后期扩散。

6.4 基于仿真结果分析的管理建议

通过构建考虑牌照政策干预的新能源汽车扩散模型,并进行关于市场结构、顾客异质性和口碑效应等不同情景下的仿真,本章就牌照政策对促进新能源汽车扩散的作用和机制展开了深入分析。仿真结果显示,在首次购车者具有不对称传播影响的情况下,燃油汽车牌照配额低于60%时,牌照政策显示出对新能源汽车市场扩散的明显促进作用。该作用随牌照政策强度的提高而增加,且随限制强度增加而呈现边际递增趋势。牌照政策的作用路径主要有两个:一方面,牌照政策可以通过为新能源汽车的初期扩散积累更多的首次购车者,形成较好的市场基础以更好地发挥系统中的正向反馈。但需要注意的是,过多的新能源汽车首次购车者流出,将触发系统中的负向反馈,使得后期扩散增长缓慢。另一方面,牌照政策的作用可以通过口碑传播,将作用从首次购车者传递到再次购车者,以支撑新能源汽车的后续扩散。此外,本章研究还根据政策的作用机制分析了牌照政策的适用场景:(1)借助更高比例的首次购车者,牌照政策在不饱和市场中能更好发挥作用;(2)当市场中具有更多独立决策的顾客时,设置较低的牌照政策强度也可以达到相对较好的扩散效果,但是由于首次购车者的不对称传播影响对牌照政策的削弱作用,政策在该类市场中存在边际效用递减的趋势;(3)牌照政策在创新偏好市场中的扩散促进作用更好,但后期政策效率会降低。

根据上述仿真结果,下面给出与相关的政策与管理建议。

首先,牌照政策更适合发展初期的新能源汽车市场。目前很多发达国家的新能源汽车市场已进入平稳增长阶段,但依然存在很多新能源汽车的新市场,如印度、巴西等发展中国家。这类市场一般还是饱和度相对较低的汽车市场,存在较高比例的首次购车者。牌照政策可以帮助这类新市场尽早积累市场基础,更快进入规模经济阶段并更好地发挥口碑效应。对于我国市场而言,牌照政策主要集中在几个大城市,且政策强度较高,很难通过提高限制力度来进一步促进新能源汽车的扩散。然而,可以将牌照政策的实施范围拓展至更多的三、四线城市,提高我国新能源汽车的覆盖范围。

其次,牌照政策的使用需要根据新能源汽车市场的特征和阶段进行调整。建议该政策用于首次购车者比例较高的发展中市场或对创新接受度较高的市场(如拥有受过更多教育或更年轻客户的市场)。值得注意的是,在与我国相类似的市场中,该政策需要在较高的限制水平下才有显著效果。然而,高强度的牌照政策作用是以燃油汽车行业快速萎缩为代价的。因此,无论是为了缓解燃油汽车的交通问题还是推广新能源汽车，牌照政策的使用必须考虑燃油汽车市场的发展阶段和行业的应对能力。

最后，应注重提高顾客对新能源汽车的复购意愿。从仿真分析可知，新能源汽车后期扩散更依赖于再次购车者，因此再次购车者对于相对成熟的市场而言是不可忽视的目标群体。汽车企业可以通过这几种方式将首次购车用户培养为品牌的再次购车者：（1）通过提供良好的售后服务体验或品牌社区建设来提高用户的品牌忠诚度；（2）构建企业自己的产品生态，尤其是互联网、通信等跨行业的造车企业可以借助已有业务的优势，将汽车系统与相关产品进行绑定，提高用户的黏性；（3）为顾客提供复购优惠方案，可以是汽车价格上的优惠，也可以是系统软件服务的优惠或电池维护更换优惠；（4）通过提供里程记录、地图点亮、车载社交等相关应用，利用历史数据和社交资源绑定用户。

6.5　本章小结

本章构建了考虑牌照政策干预的扩散模型，并针对政策作用对象，即首次购车者及相关因素设计了相关情景，从而对政策作用及机制进行仿真分析。首先，基于我国的市场情况并结合第3章的系统要素分析，阐述了本章系统动力学模型的框架与因果循环回路。其次，为确保模型的有效性，对完整的系统动力学模型进行了模型结构检验、基于模型结构的系统行为检验、基于历史数据的系统行为检验等多项检验。再次，针对政策强度进行政策作用的仿真分析并且从市场结构、顾客异质性和口碑效应三个方面探讨牌照政策的作用机制。最后，结合仿真结果和实际情景为政府和汽车企业给出相关的政策与管理建议，以促进新能源汽车市场的发展。相关结论如下：

（1）牌照政策对新能源汽车市场扩散具有促进作用。政策作用随牌照政策强度的提高而增加，且随限制强度增加而呈现边际递增趋势。然而，在考虑首次购车者具有不对称传播影响的情况下，燃油汽车牌照配额须低于60%时才能使政策发挥较为明显的市场扩散促进作用。

（2）牌照政策可以为新能源汽车的初期扩散积累更多的首次购车者，形成较好的市场基础。这样可以更好地发挥系统中规模经济与口碑效应等正向反馈。

（3）牌照政策的作用还可以通过口碑传播，将作用从首次购车者传递到再次购车者，以支撑新能源汽车的后续扩散。

（4）牌照政策更适合具有高比例首次购车者的不饱和市场、具有更多独立决策顾客的市场和创新偏好市场。

第 7 章　基于组态分析的新能源汽车市场扩散策略组合研究

根据第 3 章的系统分析可知，新能源汽车扩散系统是一个涉及了不同层面因素的动态复杂系统。本书第 4 章至第 6 章的研究发现，面对不同的新能源汽车发展阶段、市场结构以及政策环境，相关因素对系统行为的作用也将发生变化。因此，加速新能源汽车市场的发展除了需要提高政策效用，还应该联合相关企业，针对市场顾客特征以及新能源汽车发展情况，进行全方位的市场推广。为了给出促进新能源汽车市场扩散的综合策略组合，本章将基于整体的视角，整合各类不同层面的因素并进行组态分析，给出综合考虑新能源汽车属性、顾客特征与政策环境的新能源汽车市场扩散综合策略组合。

已有相关文献主要使用回归分析识别影响顾客采纳的因素。然而，传统的回归分析一般基于因素相互独立的假设对事件的相关性进行定量分析，且认为这种相关性具有对称关系。举例而言，降低新能源汽车价格将导致顾客采纳意愿的提高；反之，顾客的采纳意愿降低。但在实际情景中，顾客在进行购车决策时会同时考虑多个因素，当新能源汽车的充电便利性提高时，即使汽车价格较高也可能提高顾客的采纳意愿[194, 195]。基于还原论的回归方法将难以处理新能源汽车市场扩散系统中要素之间的复杂交互关系，这同时也可能是导致已有相关研究出现矛盾结论的原因之一。为了进一步明晰各类不同层面的影响因素对顾客采纳行为的共同作用效果，本章将从整体论的角度出发，基于 DOI 理论，对影响新能源汽车采纳与扩散的因素进行组态分析。此外，考虑到顾客决策过程中对新能源汽车与政策效用的模糊感知，本章将采用 fsQCA 探索促进新能源汽车顾客采纳与市场扩散的有效前因条件组合。

7.1 节将对 fsQCA 方法进行介绍并详细阐述该方法的研究适用性；7.2 节则根据第 3 章的系统分析进行本章研究的变量设定，并且对实验数据进行基于模糊集的校准；7.3 节对研究变量进行必要性检验，找出影响采纳结果的关键因素；7.4 节构建案例的真值表并进行前因条件组合求解；7.5 节针对 fsQCA 分析结果，对系统要素的复杂关系进行分析,并根据分析结果为政府与汽车企业给出促进新能源汽车市场扩散的综合策略组合。

7.1 基于模糊集的定性比较分析

7.1.1 方法及相关概念介绍

fsQCA 是一种用于处理模糊变量的定性比较分析(Quality Comparative Analysis,QCA)方法。QCA 方法是由 Ragin(1987)基于整体论等相关理论发展而来的"定性"与"定量"相结合的研究方法,也是进行组态比较分析的主要技术[231]。QCA 方法早期多应用于政治学、历史社会学等领域的宏观层面研究[232, 233]。经过近 30 年的改进与发展,应用范围已延伸至管理、组织社会学、教育学等其他社会科学的中观层面研究,如 Fiss(2011)使用 QCA 方法进行企业战略类型与绩效之间的关系研究;程聪和贾良定(2016)利用我国并购公会的历史数据对我国跨国企业并购进行机制研究[234, 235]。近年来,该方法更是进一步应用于顾客购买行为等微观层面的研究,如 Gonçalves 等(2016)利用问卷数据对顾客的绿色购买行为进行组态分析;Yueh 等(2016)则利用不同企业员工的调查数据对工作场所中的移动技术采纳行为进行组态分析[236, 237]。该方法基于整体论视角进行案例层面的比较分析,其中每个案例都包含了一组条件变量的组合以及对应的结果,而每一项结果都是条件组合共同作用所产生的,即各个条件变量之间存在相互依赖的关系[238]。通过 QCA 方法分析,可以得到导致期望结果的前因条件组合。传统的 QCA 方法只用于刚性系统,即条件变量的状态只能是全部存在或全部不存在,而 fsQCA 引入了模糊集合理论,拓展了 QCA 方法的应用范围,允许变量的隶属程度处于区间 [0, 1],能够处理具有模糊性的条件变量,相关的关键概念见表 7-1[14]。

表 7-1　fsQCA 方法的关键概念

概　念	含　义
校准(calibration)	校准一方面是为了将变量值转化为对应的模糊集合,另一方面是为了考虑案例之间的程度与类别差异,使得不同测量变量可以进行对比
一致性(consistency)	具有同一条件组合的案例中,共属同一结果的案例比例,是检验前因条件组合的指标,参考值为 0.8[234]
覆盖度(coverage)	通过了一致性检验的集合关系对结果的解释程度

续表

概　念	含　义
逻辑余项（remainders）	若条件变量的逻辑组合数量为 2^N，而样本案例中的组合数量为 M，那么逻辑余项就是样本案例中未被包含的（2^N-M）项组合；逻辑余项也分为："容易"逻辑余项：通过"反事实分析"，利用一定理论与知识容易得到的逻辑余项[234] "困难"逻辑余项：没有充分理论支持的逻辑余项
复杂解（complex solution）	fsQCA 方法将给出导致期望结果的多个路径，即"解"，复杂解是对样本案例的各项条件组合进行分析所得的解[239]
中间解（intermediate Solution）	根据样本案例中的条件组合以及所有"容易"与"困难"逻辑余项，利用布尔最小化分析所得的解
简约解（parsimonious Solution）	根据样本案例中的条件组合以及所有"容易"逻辑余项，利用布尔最小化分析所得的解
核心条件（core condition）	对期望结果产生重要影响的条件，在中间解与简约解中同时出现的条件
边缘条件（peripheral condition）	对期望结果产生辅助影响的条件，只在中间解出现的条件

软件"fsQCA"是专门用于 fsQCA 的应用程序，提供了数据校准、必要性检验等主要分析功能，本章研究的相关分析均在软件"fsQCA 3.0"进行。

7.1.2　适用性分析

fsQCA 方法对本章研究的适用性体现在以下几点：

（1）根据 3.3.1 节分析可知，本书的研究背景与对象具有一定的特殊性，更适合使用情景实验进行数据收集。但相对于传统问卷调查而言，该实验的数据规模较小，因此可以使用适合"小样本"或"中样本"案例分析的 fsQCA 方法[240]。

（2）根据第 3 章的系统分析可知，新能源汽车的采纳与扩散受到了顾客特征、汽车属性、政策环境等因素的影响，且不同因素之间存在着相互作用。传统回归分析无法对大于三项的交互效应给出解释，而 QCA 方法打破了传统统计方法中恒定不变的因果关系假设，更加关注于影响因素的"多重并发因果关系"[240]。

（3）顾客对于新能源汽车的认知度较低，因此对其属性、政策激励程度的感知存在模糊性，通常使用"较高、较低"等自然语言进行感知表达。fsQCA 方法则适用于处理因果关系型的集合关系，而这种集合关系正是基于自然语言的表现形式。此外，模糊集合理论的引入能够更好地处理模糊感知中部分隶属的集合关系[241]。

7.2 变量设定与数据校准

7.2.1 变量设定

根据 3.2 节的系统分析并结合 3.3.4 节的实验变量选择，我们确定了表 7-2 中的十二个变量作为衡量顾客特征、新能源汽车属性和政策强度的具体变量（fsQCA 软件只能处理英文变量名，因此表 7-2 中同时给出对应的英文变量名称）。其中，顾客特征考虑年龄、性别、学历、收入和驾驶经验五个被证明与新能源汽车采纳和扩散相关的变量；新能源汽车属性考虑价格、续航里程与充电便利性三个影响顾客采纳的主要因素；政策环境方面的变量选择了大额激励性政策（购车补贴）、小额激励性政策（购置税、充电费用、停车费减免）、限制性政策（牌照免竞拍政策）与非货币类激励性政策（提供专用车道、停车位）。

表 7-2 研究变量

变量类别	变 量	变 量 取 值
顾客特征	年龄（age）	[20 岁以下，20～29 岁，30～39 岁，40～49 岁，50～69 岁，60 岁以上]
	性别（gender）	[男，女]
	学历（education）	[高中以下学历，高中毕业，大专毕业，本科毕业，硕士毕业，博士毕业]
	收入（income）	[3 000 元以下，3 000～4 999 元，5 000～9 999 元，10 000～14 999 元，15 000～19 999 元，20 000 元以上]
	驾龄（driExp）	[0 年，0～2 年（不含 0 年和 2 年）；2～4 年（不含 4 年）；4～6 年（不含 6 年）；6～8 年（不含 8 年）；8～10 年（不含 10 年）；10 年及以上]
新能源汽车属性	价格（price）	[比燃油汽车便宜 50 000 元，与燃油汽车价格差不多，比燃油汽车贵 50 000 元]
	续航里程（driRan）	[100 公里，300 公里，500 公里]
	充电设施（chaCon）	[不太容易找到，基本可以找到，很容易找到]

续表

变量类别	变量	变量取值
政策环境	购车补贴（subsidy）	[10 000元，20 000元，30 000元]
	牌照竞拍价格（licPri）	[10 000元，30 000元，50 000元]
	小额激励性政策（feeRed）	[无购置税、充电费用、停车费减免、三类费用减免一半、三类费用全免]
	非货币类激励性政策（nonmon）	[无专用车道与停车位提供，上下班高峰期提供专用车道与节假日提供专用停车位，无限时提供专用车道与停车位]
结果变量	顾客采纳意愿（adoption）	取值范围[0, 1]，0表示完全不愿意购买新能源汽车；1为非常愿意购买新能源汽车

7.2.2 案例数据分析与校准

本章研究将采用第3章实验二中所获取的78位被试共2 106个样本案例作为研究数据。案例中包含了被试在面对不同新能源汽车属性与政策组合下对新能源汽车的采纳意愿，具体结果见图7-1、表7-3和表7-4。

1. 被试信息统计

本实验共有被试98人，收得有效问卷78份（有效率79.6%），被试的背景信息分布如图7-1所示。样本中共有男性被试37名，女性被试41名，比例相对均衡；年龄、学历与收入的水平范围较广，这使得样本案例能够较好地覆盖顾客特征组合。我们同时收集了被试的驾龄，其可代表被试的驾驶经验，从图7-1（e）看来，被试驾龄也覆盖了0～10年。综上，我们认样本被试符合本章研究的需要。

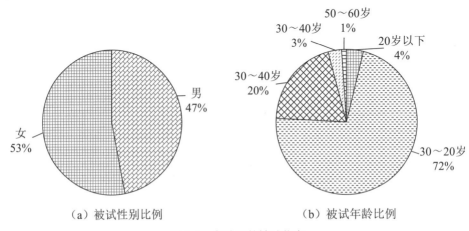

图 7-1 实验二的被试信息

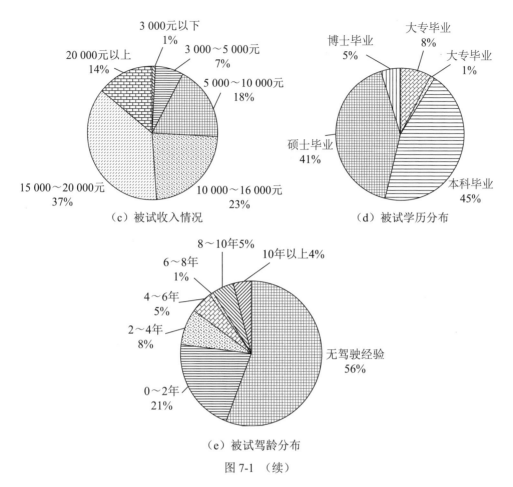

图 7-1 （续）

2. 样本案例分析

实验二共得到有效样本案例 2 106 个（为了扩大组合覆盖面，每个被试给出了 27 种新能源汽车属性与政策组合下的采纳意愿）。下面将对样本中的实验变量的取值以及各个条件变量组合所对应的顾客采纳意愿进行统计描述，具体如表 7-3 和表 7-4 所示。从表 7-4 中不同变量对应的顾客采纳意愿均值可以看出，顾客对于新能源汽车属性水平更为敏感，其中对于续航里程最为敏感，而且意愿分布相对集中，表现出较为一致的采纳态度。顾客对于不同的政策表现出相似的采纳模式，但采纳意愿的分布相对分散。可见，顾客对于同一政策组合的效用感知差异较大。

表 7-3 实验二变量的统计描述

变量	均值	标准差	最小值	最大值	频数
价格	2（价格与燃油汽车一样）	0.82	1（比燃油汽车贵）	3（比燃油汽车便宜）	2 106
续航里程	300	163.30	100	500	2 106
充电便利性	2（充电桩基本可以找到）	0.82	1（充电桩不太容易找到）	3（充电桩很容易找到）	2 106
购车补贴	19 871.79	6 886.18	10 000	30 000	2 106
牌照竞拍价格	27 948.72	14 531.93	10 000	50 000	2 106
购置税减免比例	0.49	0.34	0	1	2 106
充电费用优惠	655.38	418.65	0	1 200	2 106
停车费减免比例	0.49	0.34	0	1	2 106
提供专用车道的时段比例	0.45	0.36	0	1	2 106
提供专用停车位的时段比例	0.45	0.36	0	1	2 106
顾客采纳意愿	4.68	3.44	0	10	2 106

表 7-4 实验二条件变量对应的顾客采纳意愿

条件变量	变量取值	顾客采纳意愿		
		均值	标准差	频数
价格	比燃油汽车贵	3.81	3.25	702
	与燃油汽车价格一样	5.58	3.44	702
	比燃油汽车便宜	4.65	3.41	702
续航里程	100	1.70	2.29	702
	300	4.94	2.75	702
	500	7.40	2.53	702
充电便利性	充电桩不太容易找到	3.82	3.35	702
	充电桩基本可以找到	4.89	3.38	702
	充电桩很容易找到	5.35	3.42	702
购车补贴	10 000	4.59	3.55	513
	20 000	4.80	3.46	1 107
	30 000	4.52	3.28	486
牌照竞拍价格	10 000	4.50	3.46	675
	30 000	4.66	3.40	72
	50 000	4.99	3.50	459

续表

条件变量	变量取值	顾客采纳意愿		
		均值	标准差	频数
税费（购置税、充电费、停车费）减免比例	0%	4.59	3.55	513
	50%（充电费720）	4.80	3.46	1 107
	100%（充电费1200）	4.52	3.28	486
非货币政策强度（提供专用车道、停车位）	0%	4.50	3.46	675
	50%	4.66	3.40	972
	100%	4.99	3.50	459

在进行定性比较分析前，我们需要对数据进行校准。数据校准的作用在于将变量转换为集合的概念，便于变量之间的比较和计算[235]。在本章研究中，由于收集数据时，为了便于被试对相关信息的理解与感知，部分条件变量的设置使用了语言值，而部分变量给出了精确数字。通过数据校准，将所有研究变量涉及的案例数据统一转化为[0,1]之间的模糊值，并隶属于不同的模糊集。模糊集隶属关系的确定需要对每个变量设定3个临界值，即完全隶属点、交叉点和完全不隶属点，本章研究将根据实验问卷对应的选项范围进行临界值的设置，如表7-5所示[241]。样本数据的校准结果如表7-6所示。其中，对于变量值为语言值或数值区间的数据，我们将按程度由低到高进行赋值。

表7-5 数据校准的临界值

变量类别	变量	解释	模糊集校准		
			完全隶属	交叉点	完全不隶属
顾客特征	Age	大年纪	5	3	1
	Gender	性别（0为男性，1为女性）	—	—	—
	Education	高学历	5	3	1
	Income	高收入	5	3	1
	DriExp	长驾龄	6	3.5	1
新能源汽车属性	Price	高价格	1[a]	2	3
	DriRan	长续航里程	500	300	100
	ChaCon	高充电便利性	3	2	1
政策环境	Subsidy	高购车补贴	30 000	15 000	100
	LicPri	高燃油汽车牌照竞拍价格	50 000	25 000	100
	FeeRed	高税费（购置税、充电费用、停车费）减免比例	0.95	0.5	0.05

续表

变量类别	变量	解释	模糊集校准		
			完全隶属	交叉点	完全不隶属
政策环境	NonMon	高的非货币政策（提供专用车道与停车位）强度	0.95	0.5	0.05
结果变量	Adoption	高采纳意愿	9.5	5	0.5

注：a."1"代表"比燃油汽车贵"；"2"表示"价格与燃油汽车价格一样"；"3"表示"比燃油汽车便宜"。

表7-6 校准数据的统计描述

变量	均值	标准差	最小值	最大值	频数
Age	0.27	0.18	0.05	0.95	2 106
Gender[a]	—	—	—	—	2 106
Education	0.83	0.20	0.18	0.99	2 106
Income	0.421	0.36	0.05	0.99	2 106
DriExp	0.20	0.31	0.01	0.99	2 106
Price	0.5	0.37	0.05	0.95	2 106
DriRan	0.5	0.37	0.05	0.95	2 106
ChaCon	0.5	0.37	0.05	0.95	2 106
Subsidy	0.67	0.24	0.27	0.95	2 106
LicPri	0.55	0.31	0.14	0.95	2 106
FeeRed	0.49	0.32	0.03	0.97	2 106
NonMon	0.45	0.34	0.03	0.97	2 106
Adoption	0.48	0.36	0.03	0.97	2 106

注：a.变量值"男"校准为数值"0"；变量值"女"校准为数值"1"。

7.3 必要条件检验

在进行组态分析之前，我们需要对单个条件变量的必要性进行检验。fsQCA方法中单个变量的必要性指标为一致性系数，类似于回归分析中的显著性[242]。当条件变量的一致性系数越高，说明该条件为期望结果必要条件的可能性越高，通常系数大于0.9即可认为，只要期望结果出现，该条件必然存在于前因条件组合之中[234]。对条件的必要性检验可以帮助我们在多个条件中找到影响结果的关键因素；此外，必要条件可以帮助我们对组态分析中的复杂解和中间解进行简化，从而更好地分析复杂的前因条件组合。本章研究的条件变量对"高采纳意愿"这一结果的必要性如表 7-7 所示（由于 fsQCA 方法认为因素间的关系不具有对称性，因此需要对变量的两个对立状态都进行必要性检验）。

表 7-7 必要条件检验

条件变量	一致性	覆盖性	条件变量	一致性	覆盖性
Age	0.38	0.68	~Age	0.87	0.57
Gender	0.53	0.48	~Gender	0.47	0.47
Education	0.91	0.52	~Education	0.25	0.71
Income	0.49	0.57	~Income	0.68	0.56
DriExp	0.23	0.57	~DriExp	0.86	0.51
Price	0.53	0.50	~Price	0.66	0.63
DriRan	0.82	0.78	~DriRan	0.41	0.39
ChaCon	0.65	0.62	~ChaCon	0.54	0.51
Subsidy	0.79	0.57	~Subsidy	0.45	0.65
LicPri	0.68	0.59	~LicPri	0.56	0.59
FeeRed	0.60	0.58	~FeeRed	0.62	0.58
NonMon	0.57	0.60	~NonMon	0.64	0.56

根据表 7-7 可知，只有变量"Education"的一致性系数高于阈值 0.9，大部分条件的必要性程度较低，这说明这些变量无法单独对结果变量进行解释，同时也体现了对影响因素进行组态分析的必要性。然而，变量的一致性系数较低并不代表其不重要，而是需要在特定的条件组合中才能发挥作用。此外，模型中存在较少的必要条件也说明实现期望结果的路径限制较少，不同地区的汽车市场可以"因地制宜"，选择合适自身市场特点的有效性路径。其中，"高学历"（Education）作为唯一的必要条件，说明顾客的学历对采纳行为有着重要的影响。这一点与以往相关研究结论一致，高学历顾客能够较好地理解新技术产品的相关信息，从而缓解他们对新事物的怀疑与抗拒心理，具有更加宽容的采纳态度[5]。"年轻"（~Age）和"短驾龄"（~DriExp）则是一致性系数较高的两个条件，虽然达不到必要条件的要求，但可以预期这两个条件将在大部分的前因条件组合中出现，也是影响顾客采纳意愿的重要因素。

7.4 真值表构建与前因条件组合求解

fsQCA 方法的真值表将列出本章研究 12 个条件变量共 2^{12} 项逻辑组合及对应结果，但由于组态分析只对样本案例所覆盖的且一致性程度较高的组合进行分析，因此在进行组合选择的时候，要求所选组合的案例覆盖率大于 75%，且条件组合的一致性大于 0.85[239]。符合上述要求的条件组合构成了本章研究"组态分析"的真值表。

在获得案例真值表后，我们对该表中的案例进行标准分析（standard analysis），并通过中间解与简约解得出前因条件组合的核心与边缘条件，具体如表 7-8 所示。[根据 Ragin 和 Fiss（2008）的结果表示法："●"表示前因组合中的核心条件存在，"⊗"表示核心条件缺乏，"●"表示边缘条件存在，"⊗"表示边缘条件缺乏；举例而言，"Age"缺乏表示"~Age"，即年轻，在组合 1a 中是边缘条件][239]。从表 7-7 可知，中间解的整体一致性为 0.83，大于常用阈值 0.8，这说明中间解的解释力较强[234]。

表 7-8 顾客对新能源汽车"高采纳意愿"的前因条件组合

条件变量	前因条件组合												
	1a	1b	2a	2b	2c	2d	3a	3b	3c	4a	4b	4c	4d	4e
顾客特征														
Age	⊗	⊗	⊗	⊗	⊗	⊗	⊗	⊗	⊗	⊗	⊗	⊗	⊗	⊗
Gender			●	●	●	●	●	⊗	●	●			●		●
Education	●	●	●	●	●	●	●	●	●	●	●	●	●	●
Income	⊗	⊗		⊗	⊗	⊗	●	⊗	⊗		●	●	●	●
DriExp	⊗	⊗				●	⊗	⊗	⊗				⊗	
新能源汽车属性														
Price														
DriRan	●	●	●			●								
ChaCon		●			●	●			●				●	●
政策环境														
Subsidy	●	●	⊗	⊗	⊗	⊗	●	●	●	⊗	⊗	⊗	⊗	⊗
LicPri	●	●	⊗	⊗	⊗	⊗	⊗	⊗	⊗	●	●	●	●	●
FeeRed	●	●	⊗	⊗	⊗	⊗	●	●	●	●	●	●	⊗	⊗
NonMon	●	●	⊗	⊗	⊗	⊗	⊗	⊗	⊗	●	●	●	●	●
一致性	0.89	0.89	0.87	0.91	0.91	0.86	0.87	0.91	0.92	0.91	0.94	0.88	0.90	0.88
原生覆盖率	0.20	0.20	0.14	0.10	0.10	0.03	0.10	0.13	0.13	0.13	0.17	0.07	0.13	0.07
整体一致性	0.83													
整体覆盖率	0.50													

下面将结合表 7-8 的结果与已有相关研究结论，重点指出部分影响因素与顾客采纳意愿的非对称因果关系：

（1）已有新能源汽车采纳文献在顾客性别这一因素的研究上存在着矛盾结论，本章研究也发现男性与女性顾客均出现在前因条件组合中，这说明两者均是促进顾客采纳的前因条件[113, 112]。其中，男性顾客比女性顾客更加关注新能源汽车的性能表现，如续航里程；女性顾客对于相关推广政策相对不敏感。表 7-8 的解 2a—2d 中均包含女性顾客，这说明在低激励水平的政策环境中，女性顾客更偏好新能源汽车。

（2）已有研究认为顾客收入与其对新能源汽车的采纳意愿存在正向关系[72, 88]。然而本章研究发现，低收入顾客同样存在于前因条件组合中，其中低收入顾客对新能源汽车属性要求较高，在满足低价格、长续航里程或高充电便利性中任意两项的情况下，顾客才会对新能源汽车具有较高的采纳意愿；而高收入顾客则更加关注牌照免竞拍、提供专用车道等为顾客带来便利性的政策组合。

（3）在新能源汽车属性方面，本章研究得出了与已有文献一致的结论，即低价格、长续航里程或高充电便利性均有利于促进顾客采纳，但这三个条件并不需要同时满足。在大部分情况下，只要续航里程足够，顾客对于充电便利性的要求将降低，或是对价格的容忍度将提高。

（4）大部分已有研究认为不同类型的推广政策均可提高顾客的采纳意愿[48, 132, 119, 136, 135]。本章研究却发现，即使在低强度的政策环境下，依然存在偏好新能源汽车的顾客。可见，推广政策的作用与新能源汽车的技术水平以及顾客特征相关，并不独立作用于顾客对新能源汽车的采纳行为。

上述分析结果一方面说明了影响因素之间并非相互独立，体现了新能源汽车市场扩散系统的复杂性；另一方面则在某程度上解释了已有文献中存在的矛盾结论。

7.5 市场扩散策略组合分析与管理建议

根据表 7-8 中得到的顾客"高采纳意愿"前因条件组合，本小节给出了综合考虑顾客特征、新能源汽车属性和政策环境的新能源汽车市场扩散策略组合，具体如表 7-9 所示。由于汽车市场结构、新能源汽车的发展阶段对政府和汽车企业而言是难以控制的，所以本章研究首先根据政策环境对前因条件组合进行分类，进而指出不同的政策组合的适用顾客群体和顾客对于新能源汽车属性的要求。

表 7-9　新能源汽车的市场扩散策略组合

政策组合	顾客类型		新能源汽车属性要求	对应表 7-5 中的前因条件组合
	固定特征	特定特征		
高强度	年轻、高学历	低收入、短驾龄	较低：长续航里程	1a—1b
低强度		女性	较低：长续航里程	2a—2d
货币类激励		低收入	较高：具备两个以上的属性	3a—3c
		短驾龄	较低：长续航里程	
		低收入	较高：具备两个以上的属性	
非货币类激励		高收入、短驾龄	较低：三个属性之一	4a—4e

根据表 7-8 和表 7-9 的结果，我们归纳了四类有效促进顾客采纳与新能源汽车市场扩散的政策组合。政府可以根据所在市场的顾客特征、新能源汽车的发展现状选择合适的政策组合；汽车企业则可以根据当地政策环境进行企业的市场定位、寻找目标客户。

（1）高强度政策组合：同时给予顾客高额的购车补贴、大力度的税费减免优惠和便捷措施（提供专用车道、停车位等），并且在汽车牌照价格提高时给予新能源汽车车主牌照免竞拍的便利。在政府资金充足的情况下，该政策组合适用于新能源汽车市场发展初期，即使新能源汽车处于价格高昂或充电便利性不足的状态也能够吸引顾客对新能源汽车的关注。对于汽车企业而言，面对该政策组合，可以将首次购车的年轻人群（学历较高、驾车经验较少且收入不高）作为目标客户群体，主打经济型新能源汽车或提供分期付款等购车方式，吸引更多的年轻用户群体。

（2）低强度政策组合：只给予顾客较低的购车补贴且燃油汽车牌照价格较低。近年来，新能源汽车的购车补贴、税费优惠等激励性政策的标准逐渐下降，市场上都十分关心这是否会对新能源汽车的销售造成严重影响。而本章研究根据这一有效政策组合认为，在新能源汽车性能有所提升、基础设施逐步完善的前提下，相关激励性政策强度的减弱未必会对新能源汽车的销售带来太大的负面影响，部分顾客，如年轻的高学历女性依然对新能源汽车抱有较强的采纳意愿。对汽车企业而言，可以加强汽车的外观设计、以成熟的新能源汽车技术和较好的汽车性能作为宣传重点，吸引上述顾客群体。

（3）货币类政策组合：给予顾客高额的购车补贴与大力度的税费减免。这两项政策能为顾客带来直接的经济效益，适用于经济欠发达地区的低收入顾客群体，尤其是缺乏驾驶经验的女性顾客。这是因为该类型顾客对于汽车相关规定

（如牌照需要竞拍）的关注度较低，而且由于缺乏驾驶经验，对于专用车道、停车位所带来的便利性感知也较弱。在这种情况下，直接的经济效用更能够提高顾客的购买意愿。

（4）非货币类政策组合：在汽车牌照价格提高时给予新能源汽车车主牌照免竞拍和提供专用车道、停车位等便利措施。该政策组合适用于经济相对发达的地区以及新能源汽车发展初期。一方面，发达地区高收入群体顾客更加偏好于能够节省成本、时间和提高便利性的非货币类政策；另一方面，该政策组合下，顾客对新能源汽车属性的要求相对较低，只要求新能源汽车其中一项属性达到合理水平即可。

对于汽车企业而言，在特定的政策环境下，可通过调整产品设计、市场营销等各种方法促进顾客对新能源汽车的采纳。下面结合组态分析结果，给出相关的管理建议：

（1）应定位于年轻且具有高学历的顾客群体：一方面，这一类顾客对新技术产品信息的学习速度较快，具有相对宽容的采纳态度；另一方面，这一类顾客也是汽车市场的主力消费群体。因此，相关企业在新能源汽车设计以及市场营销上应多考虑这类顾客的需求。

（2）致力于提高新能源汽车的性能表现，如续航里程。从结果可以看出，续航里程在多个前因条件组合中均发挥着核心作用，也是顾客最为关心的新能源汽车属性，同时续航里程的提高也降低了顾客对于充电设施，甚至是价格的要求。

（3）面对不同的政策环境，汽车企业在发展重点及顾客定位上需要进行相应调整。在低激励水平的政策组合下，由于外部激励减少，企业需要在提升新能源汽车技术的同时，更多地关注女性顾客的需求；在非货币类激励性政策组合下，不具备性能优势的新能源汽车企业可能需要通过降低汽车价格吸引顾客；具备技术优势的企业则可以将顾客群体定位于高收入且相对缺乏驾驶经验的顾客。

7.6 本章小结

本章利用情景实验的样本案例对影响新能源汽车采纳与扩散的因素进行fsQCA方法分析，并得出了导致顾客采纳行为的前因条件组合。此外，根据分析结果，给出了综合考虑顾客特征、新能源汽车属性和政策环境的新能源汽车市场扩散策略组合。

相比传统的回归分析，fsQCA方法分析以整体论视角更好地处理新能源汽车市场扩散系统中不同层面因素的多重并发因果关系。在进行组态分析时，本章研究根据 DOI 理论和实验数据，选定了顾客特征（年龄、性别、学历、收入、驾龄）、新能源汽车属性（价格、续航里程、充电便利）和政策环境（购车补贴、牌照免竞拍、税费减免、提供专用车道、停车位）三个方面的条件变量，并对实验二的样本数据进行了校准、必要性检验等操作。最后对选定的真值表进行标准分析，获得了导致顾客采纳行为的 14 组前因条件组合。区别于已有文献，研究结果发现了性别、收入、政策等影响因素对新能源汽车采纳的非对称作用，一方面能够对已有文献存在的矛盾结论进行解释，另一方面进一步证明了新能源汽车市场扩散系统的复杂性。此外，通过结果分析针对政府的政策制定和汽车企业的运营管理，给出了促进新能源汽车市场扩散的综合策略组合，具体如下：

（1）给出了四种能够提高顾客对新能源汽车采纳意愿的政策组合：高强度政策组合、低强度政策组合、货币类激励政策组合和非货币激励类组合。各地方政府可根据自身市场特征和新能源汽车发展现状选择合适的政策组合。

（2）新能源汽车顾客定位群体：一般情况下选择年轻且具有高学历的顾客群体；在低激励水平的政策组合和非货币类激励政策组合下，可将目标客户分别定位于高学历女性和高收入短驾龄的顾客群体。

（3）新能源汽车的属性，如续航里程是影响顾客采纳的关键因素，无论是政府或企业都应该将其作为技术研发与市场营销的重点。

第8章 结论与展望

8.1 本书主要研究工作总结

新能源汽车有着低排放、电力驱动等优点,能够有效缓解日益严重的空气污染与石油短缺等问题,受到了各国政府和汽车企业的重视,同时也是当前学术界备受关注的课题之一。随着新能源汽车技术日趋成熟,其市场扩散成为了新能源汽车发展的下一个关键环节。新能源汽车能否被顾客采纳并成功扩散,是其发挥环保效用以及促进整个汽车产业发展的前提,因此本书针对目前新能源汽车私人用车市场的早期发展瓶颈与后期持续扩散问题以及相关研究的薄弱之处,展开了基于顾客采纳行为的新能源汽车市场扩散机制研究,具体研究工作如下:

(1) 对已有的相关研究进行系统的梳理与综述。根据文献的检索情况,对研究趋势进行了分析,进一步体现了本书的研究价值与意义;同时对新能源汽车采纳和扩散相关文献的研究视角、关键影响因素以及方法工具进行了总结和归纳,并对研究现状进行了分析评述,指出现有研究的薄弱之处,并为后续研究奠定了理论基础。

(2) 对新能源汽车扩散系统进行了理论层面与发展现状的分析,给出了本书的研究体系框架。结合相关的采纳与扩散理论,从复杂系统的视角明确了新能源汽车扩散系统的边界,并对系统主体、系统要素、要素间的复杂关系进行了详细的分析,为建立动态模型提供了理论支持。此外,根据系统分析设计并实施了两个情景实验,对顾客关于新能源汽车的偏好和采纳态度进行调查,为后续研究提供数据支持。

(3) 建立考虑顾客模糊感知的新能源汽车市场扩散系统动力学模型,采用模糊逻辑刻画顾客关于新能源汽车的汽车属性以及与网联化技术相关的特有属性的实际感知,从微观层面分析各类属性的动态变化以及相互作用在长周期内对系统演进模式的影响,并根据仿真结果针对新能源汽车的不同发展阶段提出相应的管理建议。

（4）建立考虑市场结构与顾客交互的新能源汽车扩散系统动力学模型，从宏观层面分析顾客的异质性与交互行为对新能源汽车市场扩散过程的动态影响。通过在模型中考虑首次购车者与再次购车者之间的口碑传播交互，观察不同市场结构下新能源汽车市场扩散的演进过程，从而针对不同市场结构给出相关的管理建议。

（5）建立考虑牌照政策干预的新能源汽车扩散系统动力学模型，并在模型中进一步考虑顾客异质性的影响，以反映政策环境与采纳主体之间的信息反馈。利用该模型深入分析牌照政策如何通过对市场结构的外生影响作用于新能源汽车的市场扩散。此外，针对不同的市场结构进行"what-if"分析，探讨牌照政策的适用情景。

（6）针对影响因素之间的多重并发因果关系，对新能源汽车扩散系统的顾客特征、新能源汽车属性、政策环境三大类影响因素进行基于整体论视角的组态分析。利用情景实验数据，采用 fsQCA 方法获取顾客高采纳意愿的前因条件组合，从而给出促进新能源汽车市场扩散的综合策略组合。

8.2　本书主要研究结论

根据本书的仿真结果与组态分析结果，下面将从顾客、新能源汽车、政策三个方面对研究结论进行总结。

（1）在顾客方面，本书通过对顾客感知、市场结构和顾客特征进行仿真分析以及组态分析，发现：①基于顾客模糊感知的采纳行为对新能源汽车扩散过程存在延迟作用。由于顾客具有模糊感知，无法准确感知每一个时刻新能源汽车属性的变化，将降低顾客的采纳意愿，从而影响新能源汽车的市场扩散进程。这在一定程度上解释了目前在政府大力支持以及新能源汽车技术不断发展的情况下，新能源汽车市场发展依然缓慢的现象。②首次购车者有效放大了新能源汽车感知易用性对顾客采纳的促进作用，并通过加速新能源汽车市场中的正向口碑传播和强化规模经济效用，从而推动新能源汽车的早期采纳与扩散。③顾客性别、收入等因素与新能源汽车采纳行为存在非对称的因果关系，这在一定程度上解释了已有相关文献存在的矛盾结论。男性、女性、高收入、低收入均可能是新能源汽车采纳的前因条件。其中，男性顾客更加关注新能源汽车的性能表现；低收入顾客对新能源汽车属性要求较高。

（2）在新能源汽车方面，本书通过对新能源汽车的价格、续航里程、充电便利性、网联化技术水平、商业模式创新等属性进行仿真分析和组态分析，发现：

①新能源汽车与燃油汽车的总成本接近时是新能源汽车发展阶段的一个划分点，其他新能源汽车属性在不同阶段的作用存在差异。在高成本阶段，发展新能源汽车技术、促进价格下降对于顾客采纳与市场扩散有积极作用；在低成本阶段，则需要加强配套设施的完善，并注意汽油价格的变动所带来的不对称作用。②过早地发展智能新能源汽车、进行互联网造车将对顾客采纳和新能源汽车的市场扩散产生负面影响，政府应鼓励汽车、互联网等行业的跨界合作，整合前者的造车技术与后者的网联化技术优势以及用户基础，同时更好地催生新的商业模式，进而提高新能源汽车的效用与使用便利性。③在不同的政策环境下，续航里程都是大部分顾客关注的重点汽车属性，所以汽车企业应以此为研发和营销的重点。

（3）在政策方面，本书通过对不同的政策设置和政策策略进行仿真分析和组态分析，发现：①牌照政策由于具有网络外部性，能够更快速地促进新能源汽车的早期扩散，适合具有高比例首次购车者的不饱和市场、具有更多独立决策顾客的市场和创新偏好市场。②牌照政策对新能源汽车发展具有明显的促进作用，但该政策目前仅在少数大城市执行，对新能源汽车在全国范围内的扩散促进作用有限，可将政策推广至一些汽车市场饱和度较低的城市。③非货币类政策组合（给予新能源汽车车主牌照免摇号竞拍和提供专用车道、停车位等便利措施的组合）对新能源汽车市场扩散同样有积极的推动作用。该类政策组合尤其适用于经济相对发达的地区以及新能源汽车发展初期。④在补贴退坡的趋势下，可以考虑采用前面提到的非货币类政策组合进行过渡，同时汽车企业可以更多关注女性市场或开发更多智能网联化功能。⑤相比目前我国新能源汽车示范点的分散设置，将充电设施建设在少数几个集中区域的促进作用更强。

8.3 本书主要贡献

新能源汽车的市场扩散问题是一崭新的学术研究课题，同时也是一个关乎国家产业经济发展的重大现实问题，本书结合相关理论与我国新能源汽车的推广实践，以新的视角和方法对这一问题进行了深入的理论分析以及实践探讨，研究贡献主要体现在以下几个方面：

（1）本书以产品和顾客的综合视角，对新能源汽车市场扩散问题进行了系统的分析，为这一领域的研究提供了新的研究视角。基于 TAM 模型与 Bass 扩散理论等技术采纳与产品扩散的理论基础，本书模型整合了基于产品属性的采纳决策与基于顾客行为的扩散过程。通过从个体层面、群体互动层面以及群体与环境交互层面对研究问题进行微观到宏观层面的分析与探讨，明晰了影响因素的作用机理以及新能源汽车市场扩散的复杂机制。

（2）基于影响因素之间的多重并发因果关系，对影响新能源汽车采纳和扩散的顾客特征、新能源汽车属性、政策环境等不同层面的因素进行基于整体视角的组态分析，获取顾客对新能源汽车高采纳意愿的前因条件组合。以新的角度对影响因素之间的复杂关系与作用机理做进一步探索后，发现了部分因素与采纳行为之间的调节机制，这在一定程度上解释了已有文献中关于影响因素作用的矛盾结论。

（3）本书基于顾客模糊感知、社交效用与网络外部性的考虑，为影响因素的作用机理与新能源汽车市场扩散的机制提供了新的解释维度，通过发现顾客模糊感知的延迟作用、社交效用与新能源汽车网络规模的关系以及政策网络外部性对市场扩散的影响，从理论层面上回答和解释了大力推广下新能源汽车扩散缓慢、发展智能网联汽车是否有利于新能源汽车市场发展等现实问题。同时，结合市场现状与产业发展的动态前沿，加入新的分析因素，丰富和拓展了新能源汽车市场扩散的研究。

（4）基于我国新能源汽车市场的实践情景，对市场扩散过程进行了多层次的情景仿真分析，为政府和汽车企业提供了关于政策制定的建议，并且综合考虑了新能源汽车发展阶段、汽车市场结构以及政策环境的市场扩散策略组合，有助于提高政策效率和促进相关企业的生产发展，对解决新能源汽车推广的瓶颈持续发展问题具有理论指导意义。

（5）针对新能源汽车市场扩散过程的动态性、复杂性以及顾客感知的模糊性，综合集成系统动力学、情景实验法、fsQCA、模糊逻辑等多个方法开展相关研究，实现了研究方法上的创新。其中，使用系统动力学构建新能源汽车市场扩散模型，更好地刻画了影响因素间的复杂关系、采纳主体的交互行为以及信息的循环反馈等复杂结构；情景实验、模糊逻辑与系统动力学方法的结合则提高了模型的准确性，使得模型在更大程度上反映真实系统；fsQCA方法的应用则更好地处理了影响因素之间的多重并发因果关系以及模糊感知中部分隶属的集合关系。

8.4 未来研究展望

市场扩散是新能源汽车领域的一个重要课题，其相关研究仍然处于初期阶段。本书虽然对此进行了积极的探索，也取得了一些成果，但由于研究条件和本人研究能力的限制，依然存在一些不足之处以及在理论和实践方面值得我们进一步探讨的问题，具体包括以下几个方面：

（1）考虑顾客的情感因素对其采纳行为及市场扩散的影响。有研究指出环保意识、生活态度等情感因素对于顾客的购买决策也存在一定的影响[6, 48, 127]。但顾客主观情感的量化对于被试、实验设计的要求更高，具有一定难度。未来研究可以对这一方面的影响因素做进一步的测量并将其纳入动态模型中加以分析。

（2）拓展模型的应用情景，进一步提高研究结论的一般性。本书的模型参数、假设均基于我国情景设置，导致部分研究结论与相关建议可能只适用于我国以及文化、国情相似的地区。未来研究可以将模型的应用情景拓展到欧美发达国家和部分欠发达地区，通过不同情景的结果对比，得出一般性的研究结论。

（3）从政府、汽车企业的效益角度进行研究分析。本书虽然为政府和汽车企业提供了管理建议，但研究结论是基于顾客效益角度所得到的（如何提高顾客效用感知进而提高顾客的采纳意愿）。政府和汽车企业在实践中，还需要考虑社会福利、产业发展、企业效益等其他因素，因此未来研究可以从企业、社会效益等角度开展相关研究。

（4）新兴业态融合对新能源汽车市场扩散的影响。目前出现了一些专门使用新能源汽车的网约车服务，如"曹操专车"让个体消费者有了更多的机会接触新能源汽车。这样的体验是否可以提高顾客的采纳意愿？选用新能源汽车对于服务运营公司的效益是否有影响？政府在促进新能源汽车发展方面是否应该鼓励这样的新业态模式？这些问题都值得在未来研究中进一步探讨。

参考文献

[1] Hacker F, Harthan R, Matthes F, et al. Environmental impacts and impact on the electricity market of a large scale introduction of electric cars in Europe-Critical Review of Literature[J]. ETC/ACC Technical Paper, 2009, 4: 56-90.

[2] 王洛忠, 张艺君. 我国新能源汽车产业政策协同问题研究——基于结构、过程与内容的三维框架[J]. 中国行政管理, 2017 (3): 101-107.

[3] Pierce J L, Delbecq A L. Organization structure, individual attitudes and innovation[J]. Academy of Management Review, 1977, 2(1): 27-37.

[4] Frambach R T, Schillewaert N. Organizational innovation adoption: A multi-level framework of determinants and opportunities for future research[J]. Journal of Business Research, 2002, 55(2): 163-176.

[5] Carley S, Krause R M, Lane B W, et al. Intent to purchase a plug-in electric vehicle: A survey of early impressions in large US cites[J]. Transportation Research Part D: Transport and Environment, 2013, 18: 39-45.

[6] Moons I, De Pelsmacker P. Emotions as determinants of electric car usage intention[J]. Journal of Marketing Management, 2012, 28(3-4): 195-237.

[7] Kong D Y, Bi X H. Impact of social network and business model on innovation diffusion of electric vehicles in China[J]. Mathematical Problems in Engineering, 2014: 1-7.

[8] Struben J, Sterman J D. Transition challenges for alternative fuel vehicle and transportation systems[J]. Environment and Planning B: Planning and Design, 2008, 35(6): 1070-1097.

[9] Zhang H, Lu Y, Gupta S, et al. What motivates customers to participate in social commerce? The impact of technological environments and virtual customer experiences[J]. Information & Management, 2014, 51(8): 1017-1030.

[10] Zadeh L A. Fuzzy logic= computing with words[J]. IEEE Transactions on Fuzzy Systems, 1996, 4(2): 103-111.

[11] Zadeh L A. Outline of a new approach to the analysis of complex systems and decision processes[J]. IEEE Transactions on Systems, Man, and Cybernetics, 1973 (1): 28-44.

[12] Sterman J. System Dynamics: systems thinking and modeling for a complex world[J]. Massachusetts Institute of Technology. Engineering Systems Division, 2002.

[13] Rungtusanatham M, Wallin C, Eckerd S. The vignette in a scenario‐based role‐playing

experiment[J]. Journal of Supply Chain Management, 2011, 47(3): 9-16.

[14] Ragin C C. Fuzzy-set Social Science[M]. University of Chicago Press, 2000.

[15] Rogers E M. Diffusion of Innovations[M]. Simon and Schuster, 2010.

[16] Demirel P, Kesidou E. Stimulating different types of eco-innovation in the UK: Government policies and firm motivations[J]. Ecological Economics, 2011, 70(8): 1546-1557.

[17] Hammar H, Löfgren A A. Explaining adoption of end of pipe solutions and clean technologies—determinants of firms' investments for reducing emissions to air in four sectors in Sweden[J]. Energy Policy, 2010, 38(7): 3644-3651.

[18] Fu Y, Kok R A W, Dankbaar B, et al. Factors affecting sustainable process technology adoption: A systematic literature review[J]. Journal of Cleaner Production, 2018.

[19] Bhate S, Lawler K. Environmentally friendly products: factors that influence their adoption[J]. Technovation, 1997, 17(8): 457-465.

[20] Bang H K, Ellinger A E, Hadjimarcou J, et al. Consumer concern, knowledge, belief, and attitude toward renewable energy: An application of the reasoned action theory[J]. Psychology & Marketing, 2000, 17(6): 449-468.

[21] Nath V, Kumar R, Agrawal R, et al. Consumer adoption of green products: Modeling the enablers[J]. Global Business Review, 2013, 14(3): 453-470.

[22] Ajzen I. The theory of planned behavior[J]. Organizational Behavior and Human Decision Processes, 1991, 50(2): 179-211.

[23] Fishbein M, Ajzen I. Belief, Attitude, Intention and Behavior: An Introduction to Theory and Research[M]. Addison-Wesley, 1975.

[24] Davis F D. Perceived usefulness, perceived ease of use, and user acceptance of information technology[J]. MIS Quarterly, 1989: 319-340.

[25] Bachfischer A, Lawrence E M, Steele R J. Towards understanding of factors influencing user acceptance of mobile payment systems[C]//IADIS International Conference WWW/Internet. IADIS Press, 2004.

[26] Kuo Y F, Yen S N. Towards an understanding of the behavioral intention to use 3G mobile value-added services[J]. Computers in Human Behavior, 2009, 25(1): 103-110.

[27] Karahanna E, Straub D W, Chervany N L. Information technology adoption across time: a cross-sectional comparison of pre-adoption and post-adoption beliefs[J]. MIS Quarterly, 1999: 183-213.

[28] Keil M, Beranek P M, Konsynski B R. Usefulness and ease of use: field study evidence regarding task considerations[J]. Decision Support Systems, 1995, 13(1): 75-91.

[29] Dabholkar P A, Bagozzi R P. An attitudinal model of technology-based self-service: moderating effects of consumer traits and situational factors[J]. Journal of the Academy of Marketing Science, 2002, 30(3): 184-201.

[30] Rodgers S, Chen Q. Post-adoption attitudes to advertising on the Internet[J]. Journal of Advertising Research, 2002, 42(5): 95-104.

[31] Flett R, Alpass F, Humphries S, et al. The technology acceptance model and use of technology in New Zealand dairy farming[J]. Agricultural Systems, 2004, 80(2): 199-211.

[32] Venkatesh V, Morris M G. Why don't men ever stop to ask for directions? Gender, social influence, and their role in technology acceptance and usage behavior[J]. MIS Quarterly, 2000: 115-139.

[33] Bandura A. Social foundation of thought and action: A social-cognitive view[J]. Englewood Cliffs, 1986.

[34] Bagozzi R P, Wong N, Abe S, et al. Cultural and situational contingencies and the theory of reasoned action: Application to fast food restaurant consumption[J]. Journal of Consumer Psychology, 2000, 9(2): 97-106.

[35] Prestholdt P H, Lane I M, Mathews R C. Nurse turnover as reasoned action: Development of a process model[J]. Journal of Applied Psychology, 1987, 72(2): 221.

[36] Paul J, Modi A, Patel J. Predicting green product consumption using theory of planned behavior and reasoned action[J]. Journal of Retailing and Consumer Services, 2016, 29: 123-134.

[37] Pavlou P A. Consumer acceptance of electronic commerce: Integrating trust and risk with the technology acceptance model[J]. International Journal of Electronic Commerce, 2003, 7(3): 101-134.

[38] Dalcher I, Shine J. Extending the new technology acceptance model to measure the end user information systems satisfaction in a mandatory environment: A bank's treasury[J]. Technology Analysis & Strategic Management, 2003, 15(4): 441-455.

[39] Yu C S. Factors affecting individuals to adopt mobile banking: Empirical evidence from the UTAUT model[J]. Journal of Electronic Commerce Research, 2012, 13(2): 104.

[40] Tarde G. The Laws of Imitation, Trans[M]. EC Parsons. Henry, Holt, 1903.

[41] Simmel G. Conflict and the web of group affiliations[M]. Simon and Schuster, 2010.

[42] Coleman J S, Katz E, Menzel H. Medical innovation: A diffusion study[M]. Bobbs-Merrill Co, 1966.

[43] 宋思根. 中国城市消费者决策型态的实证研究 [J]. 经济管理, 2004 (18): 28-33.

[44] Kuvykaite R, Dovaliene A, Navickiene L. Impact of package elements on consumer's purchase decision[J]. Economics and Management, 2009 (14): 441-447.

[45] Bass F M. A new product growth for model consumer durables[J]. Management science, 1969, 15(5): 215-227.

[46] Engel, J F, Kollat, D T, Blackwell, R D. Consumer Behavior[M]. Holt, Rinehart and Winston, 1968.

[47] Yu Z, Li S, Tong L. On market dynamics of electric vehicle diffusion[C]//2014 52nd Annual Allerton Conference on Communication, Control, and Computing (Allerton). IEEE, 2014: 1051-1057.

[48] Lane B, Potter S. The adoption of cleaner vehicles in the UK: exploring the consumer

attitude–action gap[J]. Journal of Cleaner Production, 2007, 15(11-12): 1085-1092.

[49] Sierzchula W. Factors influencing fleet manager adoption of electric vehicles[J]. Transportation Research Part D: Transport and Environment, 2014, 31: 126-134.

[50] Jensen R. Adoption and diffusion of an innovation under uncertain profitability[J]. Journal of Economic Theory, 1982, 27(1): 182-199.

[51] Jones J M, Ritz C J. Incorporating distribution into new product diffusion models[J]. International Journal of Research in Marketing, 1991, 8(2): 91-112.

[52] Ryan B, Gross N C. The diffusion of hybrid seed corn in two Iowa communities[J]. Rural Sociology, 1943, 8(1): 15-24.

[53] 徐哲. 我国电动汽车发展现状与对策 [J]. 汽车工业研究, 2006 (6): 37-39.

[54] Hasegawa T. Diffusion of electric vehicles and novel social infrastructure from the viewpoint of systems innovation theory[J]. IEICE Transactions on Fundamentals of Electronics, Communications and Computer Sciences, 2010, 93(4): 672-678.

[55] 李小楠, 罗思齐, 朱良, 等. 消费者选择电动汽车的影响因素 [J]. 汽车与配件, 2012 (6): 29-31.

[56] Axsen J, Orlebar C, Skippon S. Social influence and consumer preference formation for pro-environmental technology: The case of a UK workplace electric-vehicle study[J]. Ecological Economics, 2013, 95: 96-107.

[57] Saarenpää J, Kolehmainen M, Niska H. Geodemographic analysis and estimation of early plug-in hybrid electric vehicle adoption[J]. Applied Energy, 2013, 107: 456-464.

[58] Plötz P, Schneider U, Globisch J, et al. Who will buy electric vehicles? Identifying early adopters in Germany[J]. Transportation Research Part A: Policy and Practice, 2014, 67: 96-109.

[59] Mohamed M, Higgins C, Ferguson M, et al. Identifying and characterizing potential electric vehicle adopters in Canada: A two-stage modelling approach[J]. Transport Policy, 2016, 52: 100-112.

[60] Degirmenci K, Breitner M H. Consumer purchase intentions for electric vehicles: Is green more important than price and range?[J]. Transportation Research Part D: Transport and Environment, 2017, 51: 250-260.

[61] Li L, Wang Z, Xie X. From government to market? A discrete choice analysis of policy instruments for electric vehicle adoption[J]. Transportation Research Part A: Policy and Practice, 2022, 160: 143-159.

[62] Kumar R R, Chakraborty A, Mandal P. Promoting electric vehicle adoption: Who should invest in charging infrastructure?[J]. Transportation Research Part E: Logistics and Transportation Review, 2021, 149: 102295.

[63] Egbue O, Long S, Samaranayake V A. Mass deployment of sustainable transportation: evaluation of factors that influence electric vehicle adoption[J]. Clean Technologies and Environmental Policy, 2017, 19(7): 1927-1939.

[64] 王璐, 马庆庆, 杨劼, 等. 基于复杂网络演化博弈的绿色消费者对新能源汽车扩散的影响研究 [J]. 中国管理科学, 2022, 30(04): 74-85.

[65] Zhuge C, Dong C, Wei B, et al. Exploring the role of technology innovations in the diffusion of electric vehicle with an agent-based spatial integrated model[J]. Resources, Conservation and Recycling, 2021, 174: 105806.

[66] 王宁, 潘慧中, 刘向, 等. 基于小世界网络的电动汽车市场接受度预测模型 [J]. 同济大学学报 (自然科学版), 2017, 45(8): 1160-1166.

[67] Lavasani M, Jin X, Du Y. Market penetration model for autonomous vehicles on the basis of earlier technology adoption experience[J]. Transportation Research Record: Journal of the Transportation Research Board, 2016 (2597): 67-74.

[68] Jensen A F, Cherchi E, Mabit S L, et al. Predicting the potential market for electric vehicles[J]. Transportation Science, 2017, 51(2): 427-440.

[69] Olson E L. Lead market learning in the development and diffusion of electric vehicles[J]. Journal of Cleaner Production, 2018, 172: 3279-3288.

[70] Massiani J, Gohs A. The choice of Bass model coefficients to forecast diffusion for innovative products: An empirical investigation for new automotive technologies[J]. Research in Transportation Economics, 2015, 50: 17-28.

[71] 王崇, 刘健, 吴价宝. 网络环境下消费者感知效用模型的构建与研究 [J]. 中国管理科学, 2011, 19(3): 94-102.

[72] Hidrue M K, Parsons G R, Kempton W, et al. Willingness to pay for electric vehicles and their attributes[J]. Resource and Energy Economics, 2011, 33(3): 686-705.

[73] 贾新明, 田澎. 顾客异质性对顾客满意度指数测评的影响 [J]. 管理科学, 2009 (4): 41-49.

[74] Liu Y, Zhao X, Lu D, et al. Impact of policy incentives on the adoption of electric vehicle in China[J]. Transportation Research Part A: Policy and Practice, 2023, 176: 103801.

[75] Graham-Rowe E, Gardner B, Abraham C, et al. Mainstream consumers driving plug-in battery-electric and plug-in hybrid electric cars: A qualitative analysis of responses and evaluations[J]. Transportation Research Part A: Policy and Practice, 2012, 46(1): 140-153.

[76] Featherman M, Jia S J, Califf C B, et al. The impact of new technologies on consumers beliefs: Reducing the perceived risks of electric vehicle adoption[J]. Technological Forecasting and Social Change, 2021, 169: 120847.

[77] Vassileva I, Campillo J. Adoption barriers for electric vehicles: Experiences from early adopters in Sweden[J]. Energy, 2017, 120: 632-641.

[78] 李丹青, 郭焱. "双碳"目标下消费者对新能源汽车的认知及购买决策研究: 基于武汉市的调查 [J]. 湖北社会科学, 2022, (08): 55-65.

[79] Skippon S M, Garwood M. Responses to battery electric vehicles: UK consumer attitudes and attributions of symbolic meaning following direct experience to reduce psychological distance[J]. Transportation Research Part D: Transport and Environment, 2011, 16: 525-531.

[80] Jensen A F, Cherchi E, Mabit S L. On the stability of preferences and attitudes before and

after experiencing an electric vehicle[J]. Transportation Research Part D: Transport and Environment, 2013, 25: 24-32.

[81] Caperello N D, Kurani K S. Households' stories of their encounters with a plug-in hybrid electric vehicle[J]. Environment and Behavior, 2012, 44(4): 493-508.

[82] Jang S, Choi J Y. Which consumer attributes will act crucial roles for the fast market adoption of electric vehicles?: Estimation on the asymmetrical & heterogeneous consumer preferences on the EVs[J]. Energy Policy, 2021, 156: 112469.

[83] 田园, 卓慧娟. 电动汽车消费者购买决策影响因素的实证研究 [J]. 市场周刊, 2014 (11): 37-40.

[84] 胡中水. 纯电动汽车的发展瓶颈及未来设计方向 [J]. 中国新技术新产品, 2016 (6): 37-37.

[85] Adepetu A, Keshav S. The relative importance of price and driving range on electric vehicle adoption: Los Angeles case study[J]. Transportation, 2017, 44(2): 353-373.

[86] Burgess M, King N, Harris M, et al. Electric vehicle drivers' reported interactions with the public: Driving stereotype change?[J]. Transportation Research Part F: Traffic Psychology and Behaviour, 2013, 17: 33-44.

[87] Mitropoulos L K, Prevedouros P D, Kopelias P. Total cost of ownership and externalities of conventional, hybrid and electric vehicle[J]. Transportation Research Procedia, 2017, 24: 267-274.

[88] 王宁, 晏润林, 刘亚斐. 电动汽车潜在消费者特征识别和市场接受度研究 [J]. 中国软科学, 2015 (10): 70-84.

[89] Sioshansi R. OR Forum—modeling the impacts of electricity tariffs on plug-in hybrid electric vehicle charging, costs, and emissions[J]. Operations Research, 2012, 60(3): 506-516.

[90] Liu Z, Song J, Kubal J, et al. Comparing total cost of ownership of battery electric vehicles and internal combustion engine vehicles[J]. Energy Policy, 2021, 158: 112564.

[91] Mordini E. Technology and fear: is wonder the key?[J]. TRENDS in Biotechnology, 2007, 25(12): 544-546.

[92] Ewing G, Sarigöllü E. Assessing consumer preferences for clean-fuel vehicles: A discrete choice experiment[J]. Journal of Public Policy & Marketing, 2000, 19(1): 106-118.

[93] Golob T F, Gould J. Projecting use of electric vehicles from household vehicle trials[J]. Transportation Research Part B: Methodological, 1998, 32(7): 441-454.

[94] Rauh N, Günther M, Krems J F. Positive influence of practical electric vehicle driving experience and range related knowledge on drivers' experienced range stress[J]. Transportation Research Part F: Traffic Psychology and Behaviour, 2020, 71: 182-197.

[95] Schuitema G, Anable J, Skippon S, et al. The role of instrumental, hedonic and symbolic attributes in the intention to adopt electric vehicles[J]. Transportation Research Part A: Policy and Practice, 2013, 48: 39-49.

[96] Zhang Y, Yu Y, Zou B. Analyzing public awareness and acceptance of alternative fuel vehicles

in China: The case of EV[J]. Energy Policy, 2011, 39(11): 7015-7024.

[97] Krause R M, Lane B W, Carley S, et al. Assessing demand by urban consumers for plug-in electric vehicles under future cost and technological scenarios[J]. International Journal of Sustainable Transportation, 2016, 10(8): 742-751.

[98] Cicconi P, Germani M, Landi D, et al. Life cycle cost from consumer side: A comparison between traditional and ecological vehicles[C]//2014 IEEE International Energy Conference (ENERGYCON). IEEE, 2014: 1440-1445.

[99] Ashim Joshi, Raghav Sharma, Bivek Baral. Comparative life cycle assessment of conventional combustion engine vehicle, battery electric vehicle and fuel cell electric vehicle in Nepal[J]. Journal of Cleaner Production, 2022, 379: 134407.

[100] Lin C, Wu T, Ou X, et al. Life-cycle private costs of hybrid electric vehicles in the current Chinese market[J]. Energy Policy, 2013, 55: 501-510.

[101] Diao Q, Sun W, Yuan X, et al. Life-cycle private-cost-based competitiveness analysis of electric vehicles in China considering the intangible cost of traffic policies[J]. Applied Energy, 2016, 178: 567-578.

[102] Turrentine T S, Kurani K S. Car buyers and fuel economy?[J]. Energy Policy, 2007, 35(2): 1213-1223.

[103] 张洁, 裴梓翔. 国内纯电动汽车发展策略分析[J]. 能源与环境, 2017 (5): 11-12.

[104] Li X, Chen P, Wang X. Impacts of renewables and socioeconomic factors on electric vehicle demands–Panel data studies across 14 countries[J]. Energy Policy, 2017, 109: 473-478.

[105] Sierzchula W, Bakker S, Maat K, et al. The influence of financial incentives and other socio-economic factors on electric vehicle adoption[J]. Energy Policy, 2014, 68: 183-194.

[106] Mohseni P, Stevie R G. Electric vehicles: Holy grail or fool's gold[C]//2009 IEEE Power & Energy Society General Meeting. IEEE, 2009: 1-5.

[107] Xu M, Yang H, Wang S. Mitigate the range anxiety: Siting battery charging stations for electric vehicle drivers[J]. Transportation Research Part C: Emerging Technologies, 2020, 114: 164-188.

[108] Zhang B, Niu N, Li H, et al. Could fast battery charging effectively mitigate range anxiety in electric vehicle usage? Evidence from large-scale data on travel and charging in Beijing[J]. Transportation Research Part D: Transport and Environment, 2021, 95: 102840.

[109] Giansoldati M, Monte A, Scorrano M. Barriers to the adoption of electric cars: Evidence from an Italian survey[J]. Energy Policy, 2020, 146: 111812.

[110] Slama M E, Tashchian A. Selected socioeconomic and demographic characteristics associated with purchasing involvement[J]. The Journal of Marketing, 1985: 72-82.

[111] Christidis P, Focas C. Factors affecting the uptake of hybrid and electric vehicles in the European Union[J]. Energies, 2019, 12(18): 3414.

[112] Huang X, Ge J. Electric vehicle development in Beijing: An analysis of consumer purchase intention[J]. Journal of Cleaner Production, 2019, 216: 361-372.

[113] Musti S, Kockelman K M. Evolution of the household vehicle fleet: Anticipating fleet composition, PHEV adoption and GHG emissions in Austin, Texas[J]. Transportation Research Part A: Policy and Practice, 2011, 45(8): 707-720.

[114] Mabit S L, Fosgerau M. Demand for alternative-fuel vehicles when registration taxes are high[J]. Transportation Research Part D: Transport and Environment, 2011, 16(3): 225-231.

[115] 朱勇胜, 朱继松, 余升文等. 新能源汽车的消费者特征研究——基于深圳市消费者调查的分析 [J]. 北京大学学报(自然科学版), 2017, 53(3): 429-435.

[116] Sovacool B K, Kester J, Noel L, et al. Are electric vehicles masculinized? Gender, identity, and environmental values in Nordic transport practices and vehicle-to-grid (V2G) preferences[J]. Transportation Research Part D: Transport and Environment, 2019, 72: 187-202.

[117] Liere K D V, Dunlap R E. The social bases of environmental concern: A review of hypotheses, explanations and empirical evidence[J]. Public Opinion Quarterly, 1980, 44(2): 181-197

[118] Kanchanapibul M, Lacka E, Wang X, et al. An empirical investigation of green purchase behaviour among the young generation[J]. Journal of Cleaner Production, 2014, 66: 528-536

[119] Lin B, Wu W. Why people want to buy electric vehicle: An empirical study in first-tier cities of China[J]. Energy Policy, 2018, 112: 233-241.

[120] Chen C, de Rubens G Z, Noel L, et al. Assessing the socio-demographic, technical, economic and behavioral factors of Nordic electric vehicle adoption and the influence of vehicle-to-grid preferences[J]. Renewable and Sustainable Energy Reviews, 2020, 121: 109692.

[121] Mukherjee S C, Ryan L. Factors influencing early battery electric vehicle adoption in Ireland[J]. Renewable and Sustainable Energy Reviews, 2020, 118: 109504.

[122] Jia W, Chen T D. Are Individuals' stated preferences for electric vehicles (EVs) consistent with real-world EV ownership patterns?[J]. Transportation Research Part D: Transport and Environment, 2021, 93: 102728.

[123] Vassileva I, Campillo J. Adoption barriers for electric vehicles: Experiences from early adopters in Sweden[J]. Energy, 2017, 120: 632-641.

[124] Mohamed M, Higgins C D, Ferguson M, et al. The influence of vehicle body type in shaping behavioural intention to acquire electric vehicles: A multi-group structural equation approach[J]. Transportation Research Part A: Policy and Practice, 2018, 116: 54-72.

[125] Samdahl D M, Robertson R. Social determinants of environmental concern: Specification and test of the model[J]. Environment and Behavior, 1989, 21(1): 57-81.

[126] Chu W, Im M, Song M R, et al. Psychological and behavioral factors affecting electric vehicle adoption and satisfaction: A comparative study of early adopters in China and Korea[J]. Transportation Research Part D: Transport and Environment, 2019, 76: 1-18.

[127] Song M R, Chu W, Im M. The effect of cultural and psychological characteristics on the purchase behavior and satisfaction of electric vehicles: A comparative study of US and China[J]. International Journal of Consumer Studies, 2022, 46(1): 345-364.

[128] Corradi C, Sica E, Morone P. What drives electric vehicle adoption? Insights from a systematic review on European transport actors and behaviours[J]. Energy Research & Social Science, 2023, 95: 102908.

[129] Diamond D. The impact of government incentives for hybrid-electric vehicles: Evidence from US states[J]. Energy Policy, 2009, 37(3): 972-983.

[130] Egnér F, Trosvik L. Electric vehicle adoption in Sweden and the impact of local policy instruments[J]. Energy Policy, 2018, 121: 584-596.

[131] Shafiei E, Davidsdottir B, Fazeli R, et al. Macroeconomic effects of fiscal incentives to promote electric vehicles in Iceland: Implications for government and consumer costs[J]. Energy Policy, 2018, 114: 431-443.

[132] Zhang G, Xu Y, Zhang J. Consumer-oriented policy towards diffusion of electric vehicles: City-level evidence from China[J]. Sustainability, 2016, 8(12): 1343.

[133] Bakker S, Trip J J. Policy options to support the adoption of electric vehicles in the urban environment[J]. Transportation Research Part D: Transport and Environment, 2013, 25: 18-23.

[134] Beck M J, Rose J M, Hensher D A. Environmental attitudes and emissions charging: An example of policy implications for vehicle choice[J]. Transportation Research Part A: Policy and Practice, 2013, 50: 171-182.

[135] Liu X, Sun X, Zheng H, et al. Do policy incentives drive electric vehicle adoption? Evidence from China[J]. Transportation Research Part A: Policy and Practice, 2021, 150: 49-62.

[136] Wang N, Pan H, Zheng W. Assessment of the incentives on electric vehicle promotion in China[J]. Transportation Research Part A: Policy and Practice, 2017, 101: 177-189.

[137] Lévay P Z, Drossinos Y, Thiel C. The effect of fiscal incentives on market penetration of electric vehicles: A pairwise comparison of total cost of ownership[J]. Energy Policy, 2017, 105: 524-533.

[138] Srivastava A, Kumar R R, Chakraborty A, et al. Design and selection of government policies for electric vehicles adoption: A global perspective[J]. Transportation Research Part E: Logistics and Transportation Review, 2022, 161: 102726.

[139] Sovacool B K, Hirsh R F. Beyond batteries: An examination of the benefits and barriers to plug-in hybrid electric vehicles (PHEVs) and a vehicle-to-grid (V2G) transition[J]. Energy Policy, 2009, 37(3): 1095-1103.

[140] Broadbent G H, Drozdzewski D, Metternicht G. Electric vehicle adoption: An analysis of best practice and pitfalls for policy making from experiences of Europe and the US[J]. Geography Compass, 2018, 12(2): e12358

[141] Geroski P A. Models of technology diffusion[J]. Research policy, 2000, 29(4-5): 603-625.

[142] Brusch M, Fischer S, Szuppa S. The bass model as integrative diffusion model: A comparison of parameter influences[M]//Data Science, Learning by Latent Structures, and Knowledge Discovery. Springer, Berlin, Heidelberg, 2015: 229-238

[143] 刘颖琦, 王萌, 王静宇. 中国新能源汽车市场预测研究 [J]. 经济与管理研究, 2016, 37(4): 86-91.

[144] de Assis R F, Guerrini F M, Santa-Eulalia L A, et al. An agent-based model for regional market penetration of electric vehicles in Brazil[J]. Journal of Cleaner Production, 2023, 421: 138477.

[145] Santini D J, Vyas A D. Suggestions for a new vehicle choice model simulating advanced vehicles introduction decisions (AVID): structure and coefficients[J]. Center for Transportation Analysis, Argonne National Laboratory. ANL/ESD/05-1, 2005.

[146] Sikes K, Gross T, Lin Z, et al. Plug-in hybrid electric vehicle market introduction study[R]. Oak Ridge National Lab.(ORNL), Oak Ridge, TN (United States), 2010.

[147] Liu Y, Cirillo C. A generalized dynamic discrete choice model for green vehicle adoption[J]. Transportation Research Part A: Policy and Practice, 2018a, 114: 288-302.

[148] Klein M, Lüpke L, Günther M. Home charging and electric vehicle diffusion: Agent-based simulation using choice-based conjoint data[J]. Transportation Research Part D: Transport and Environment, 2020, 88: 102475.

[149] He L, Wang M, Chen W, et al. Incorporating social impact on new product adoption in choice modeling: A case study in green vehicles[J]. Transportation Research Part D: Transport and Environment, 2014, 32: 421-434.

[150] Jia W, Chen T D. Investigating heterogeneous preferences for plug-in electric vehicles: Policy implications from different choice models[J]. Transportation Research Part A: Policy and Practice, 2023, 173: 103693.

[151] Liu Y, Cirillo C. Modeling green vehicle adoption: An integrated approach for policy evaluation[J]. International Journal of Sustainable Transportation, 2018b, 12(7): 473-483.

[152] Cui X, Kim H K, Liu C, et al. Simulating the household plug-in hybrid electric vehicle distribution and its electric distribution network impacts[J]. Transportation Research Part D: Transport and Environment, 2012, 17(7): 548-554.

[153] Bonabeau E. Agent-based modeling: Methods and techniques for simulating human systems[J]. Proceedings of the National Academy of Sciences, 2002, 99(suppl 3): 7280-7287.

[154] Neshat N, Kaya M, Zare S G. Exploratory policy analysis for electric vehicle adoption in European countries: A multi-agent-based modelling approach[J]. Journal of Cleaner Production, 2023, 414: 137401.

[155] Wolf I, Schröder T, Neumann J, et al. Changing minds about electric cars: An empirically grounded agent-based modeling approach[J]. Technological Forecasting and Social Change, 2015, 94: 269-285.

[156] Wolf I, Nuss J, Schröder T, et al. The adoption of electric vehicles: An empirical agent-based model of attitude formation and change[C]//Proceedings of the 8th Conference of the European Association for Social Simulation. 2012: 93-98.

[157] Zhuge C, Wei B, Dong C, et al. Exploring the future electric vehicle market and its impacts

[158] Luo T, Song Y, Li G. An agent-based simulation study for escaping the "chicken-egg" dilemma between electric vehicle penetration and charging infrastructure deployment[J]. Resources, Conservation and Recycling, 2023, 194: 106966.

[159] Braz da Silva M, Moura F. Electric vehicle diffusion in the Portuguese automobile market[J]. International Journal of Sustainable Transportation, 2016, 10(2): 49-64.

[160] Lee Y, Kim C, Shin J. A hybrid electric vehicle market penetration model to identify the best policy mix: A consumer ownership cycle approach[J]. Applied Energy, 2016, 184: 438-449.

[161] Benvenutti L M M, Ribeiro A B, Uriona M. Long term diffusion dynamics of alternative fuel vehicles in Brazil[J]. Journal of Cleaner Production, 2017, 164: 1571-1585.

[162] Harrison G, Thiel C. An exploratory policy analysis of electric vehicle sales competition and sensitivity to infrastructure in Europe[J]. Technological Forecasting and Social Change, 2017, 114: 165-178.

[163] Li J, Nian V, Jiao J. Diffusion and benefits evaluation of electric vehicles under policy interventions based on a multiagent system dynamics model[J]. Applied Energy, 2022, 309: 118430.

[164] Shepherd S, Bonsall P, Harrison G. Factors affecting future demand for electric vehicles: A model based study[J]. Transport Policy, 2012, 20: 62-74.

[165] Zadeh L A. From computing with numbers to computing with words. From manipulation of measurements to manipulation of perceptions[J]. IEEE Transactions on Circuits and Systems I: Fundamental Theory and Applications, 1999, 46(1): 105-119.

[166] Zadeh L A, Nikravesh M. Perception-based intelligent decision systems[J]. Office of Naval Research, Summer, 2002: 395-460.

[167] Peres R, Muller E, Mahajan V. Innovation diffusion and new product growth models: A critical review and research directions[J]. International Journal of Research in Marketing, 2010, 27(2): 91-106.

[168] Rogers E M, Medina U E, Rivera M A, et al. Complex adaptive systems and the diffusion of innovations[J]. The Innovation Journal: The Public Sector Innovation Journal, 2005, 10(3): 1-26.

[169] Vilchez J J G, Jochem P. Simulating vehicle fleet composition: A review of system dynamics models[J]. Renewable and Sustainable Energy Reviews, 2019, 115: 109367.

[170] Goldenberg J, Libai B, Muller E. Talk of the network: A complex systems look at the underlying process of word-of-mouth[J]. Marketing Letters, 2001, 12(3): 211-223.

[171] Seign R, Bogenberger K. Prescriptions for the successful diffusion of carsharing with electric vehicles[C]//CoFAT. 2013.

[172] Wang R, Wang Z. Consumer choice models with endogenous network effects[J]. Management Science, 2016, 63(11): 3944-3960.

[173] Blonski M. Network externalities and two-part tariffs in telecommunication markets[J]. Information Economics and Policy, 2002, 14(1): 95-109.

[174] Manski C F. Identification of endogenous social effects: The reflection problem[J]. The Review of Economic Studies, 1993, 60(3): 531-542.

[175] Mahmassani H S. 50th anniversary invited article—Autonomous vehicles and connected vehicle systems: Flow and operations considerations[J]. Transportation Science, 2016, 50(4): 1140-1162.

[176] 赵福全, 匡旭, 刘宗巍. 面向智能网联汽车的汽车产业升级研究——基于价值链视角 [J]. 科技进步与对策, 2016, 33(17): 56-61.

[177] 井淼, 吕巍, 周颖. 消费者视角的网上购物感知风险影响因素 [J]. 工业工程与管理, 2006, 11(3): 91-95.

[178] Dholakia U M. A motivational process model of product involvement and consumer risk perception[J]. European Journal of Marketing, 2001, 35(11/12): 1340-1362.

[179] Smith B, Olaru D, Jabeen F, et al. Electric vehicles adoption: Environmental enthusiast bias in discrete choice models[J]. Transportation Research Part D: Transport and Environment, 2017, 51: 290-303.

[180] Bettman J R, Park C W. Effects of prior knowledge and experience and phase of the choice process on consumer decision processes: A protocol analysis[J]. Journal of Consumer Research, 1980, 7(3): 234-248.

[181] Forrester J W. System dynamics, systems thinking, and soft OR[J]. System Dynamics Review, 1994, 10(2-3): 245-256.

[182] 胡玉奎. 系统动力学——战略与策略实验室 [M]. 杭州：浙江人民出版社, 1988.

[183] Schultz K L, McClain J O, Thomas L J. Overcoming the dark side of worker flexibility[J]. Journal of Operations Management, 2003, 21(1): 81-92.

[184] Bendoly E, Donohue K, Schultz K L. Behavior in operations management: Assessing recent findings and revisiting old assumptions[J]. Journal of Operations Management, 2006, 24(6): 737-752.

[185] Song J H, Zinkhan G M. Determinants of perceived web site interactivity[J]. Journal of Marketing, 2008, 72(2): 99-113.

[186] Alexander C S, Becker H J. The use of vignettes in survey research[J]. Public Opinion Quarterly, 1978, 42(1): 93-104.

[187] Katok E. Laboratory experiments in operations management[M]// Transforming Research into Action. INFORMS, 2011: 15-35.

[188] Smith A K, Bolton R N. An experimental investigation of customer reactions to service failure and recovery encounters: paradox or peril?[J]. Journal of Service Research, 1998, 1(1): 65-81.

[189] Swinney R. Selling to strategic consumers when product value is uncertain: The value of matching supply and demand[J]. Management Science, 2011, 57(10): 1737-1751.

[190] Shepherd S, Kay A C, Landau M J, et al. Evidence for the specificity of control motivations

in worldview defense: Distinguishing compensatory control from uncertainty management and terror management processes[J]. Journal of Experimental Social Psychology, 2011, 47(5): 949-958.

[191] 徐彪. 公共危机事件后的政府信任修复[J]. 中国行政管理, 2013 (2): 31-35.

[192] Henderson J C, Nutt P C. The influence of decision style on decision making behavior[J]. Management Science, 1980, 26(4): 371-386.

[193] Perry J N, Wall C, Greenway A R. Latin square designs in field experiments involving insect sex attractants[J]. Ecological Entomology, 1980, 5(4): 385-396.

[194] Anderson E W. Customer satisfaction and price tolerance[J]. Marketing Letters, 1996, 7(3): 265-274.

[195] Calisir F, Calisir F. The relation of interface usability characteristics, perceived usefulness, and perceived ease of use to end-user satisfaction with enterprise resource planning (ERP) systems[J]. Computers in Human Behavior, 2004, 20(4): 505-515.

[196] Luo X, Homburg C, Wieseke J. Customer satisfaction, analyst stock recommendations, and firm value[J]. Journal of Marketing Research, 2010, 47(6): 1041-1058.

[197] Knutson B, Rick S, Wimmer G E, et al. Neural predictors of purchases[J]. Neuron, 2007, 53(1): 147-156.

[198] Shugan S M. The cost of thinking[J]. Journal of Consumer Research, 1980, 7(2): 99-111.

[199] Zadeh L A. The concept of a linguistic variable and its application to approximate reasoning—I[J]. Information Sciences, 1975, 8(3): 199-249.

[200] Thaler R. Mental accounting and consumer choice[J]. Marketing Science, 1985, 4(3): 199-214.

[201] Wright T P. Factors affecting the cost of airplanes[J]. Journal of the Aeronautical Sciences, 1936, 3(4): 122-128.

[202] Hajli M N. The role of social support on relationship quality and social commerce[J]. Technological Forecasting and Social Change, 2014, 87: 17-27.

[203] Liang T P, Turban E. Introduction to the special issue social commerce: a research framework for social commerce[J]. International Journal of Electronic Commerce, 2011, 16(2): 5-14.

[204] Fenn J, Raskino M. Gartner's hype cycle special report for 2011[R]. Stamford, CT: Gartner, 2013.

[205] Wirtz, B. W. Business model management. Design [R]. Retrieved from Instrumente–Erfolgsfaktoren von Geschäftsmodellen, 2011.

[206] Song J, Walden E. How consumer perceptions of network size and social interactions influence the intention to adopt peer-to-peer technologies[J]. International Journal of E-business Research (IJEBR), 2007, 3(4): 49-66

[207] Gaines B R. Behaviour/structure transformations under uncertainty[J]. International Journal of Man-machine Studies, 1976, 8(3): 337-365.

[208] Mamdani E H, Assilian S. An experiment in linguistic synthesis with a fuzzy logic

controller[J]. International Journal of Man-machine Studies, 1975, 7(1): 1-13.

[209] Larsen P M. Industrial applications of fuzzy logic control[J]. International Journal of Man-Machine Studies, 1980, 12(1): 3-10.

[210] Zadeh, L. A. et al. Fuzzy Sets, Fuzzy Logic, Fuzzy Systems[M]. World Scientific Press, 1996.

[211] Goguen J A, Burstall R M. Some fundamental algebraic tools for the semantics of computation: Part 1: Comma Categories, Colimits, Signatures and Theories[J]. Theoretical Computer Science, 1984, 31(1-2): 175-209.

[212] Goguen J A, Burstall R M. Some fundamental algebraic tools for the semantics of computation: Part 2: Signed and abstract theories[J]. Theoretical Computer Science, 1984, 31(3): 263-295.

[213] Opricovic S, Tzeng G H. Defuzzification within a multicriteria decision model[J]. International Journal of Uncertainty, Fuzziness and Knowledge-Based Systems, 2003, 11(05): 635-652.

[214] Senge P M, Forrester J W. Tests for building confidence in system dynamics models[J]. System Dynamics, TIMS Studies in Management Sciences, 1980, 14: 209-228.

[215] Barlas Y. Tests of Model Behavior that can Detect Structural Flaws: Demonstration with Simulation Experiments[M]//Computer-Based Management of Complex Systems. Springer, Berlin, Heidelberg, 1989: 246-254.

[216] Weber E H. EH Weber on the Tactile Senses[M]. Psychology Press, 1996.

[217] Tsuchiya H, Kobayashi O. Mass production cost of PEM fuel cell by learning curve[J]. International Journal of Hydrogen Energy, 2004, 29(10): 985-990.

[218] Kahneman D, Tversky A. Prospect Theory: An Analysis of Decision under Risk[M]// Handbook of the Fundamentals of Financial Decision Making: Part I. 2013: 99-127.

[219] 申成霖, 侯文华, 张新鑫. 顾客异质性渠道偏好下横向竞争对零售商混合渠道模式的价值[J]. 系统工程理论与实践, 2013, 33(12): 3068-3078.

[220] Danaher P J. Customer heterogeneity in service management[J]. Journal of Service Research, 1998, 1(2): 129-139.

[221] Jianakoplos N A, Bernasek A. Are women more risk averse?[J]. Economic Inquiry, 1998, 36(4): 620-630.

[222] 何贵兵, 梁社红, 刘剑. 风险偏好预测中的性别差异和框架效应[J]. 应用心理学, 2002, 8(4): 19-23.

[223] Kalish S. A new product adoption model with price, advertising, and uncertainty[J]. Management Science, 1985, 31(12): 1569-1585.

[224] East R, Hammond K, Wright M. The relative incidence of positive and negative word of mouth: A multi-category study[J]. International Journal of Research in Marketing, 2007, 24(2): 175-184.

[225] Chen Y, Wang Q, Xie J. Online social interactions: A natural experiment on word of mouth versus observational learning[J]. Journal of Marketing Research, 2011, 48(2): 238-254.

[226] Lang B, Lawson R. Dissecting word-of-mouth's effectiveness and how to use it as a proconsumer tool[J]. Journal of Nonprofit & Public Sector Marketing, 2013, 25(4): 374-399.

[227] Bailey M, Johnston D, Kuchler T, et al. Peer effects in product adoption[J]. American Economic Journal: Applied Economics, 2022, 14(3): 488-526.

[228] Van den Bulte C, Joshi Y V. New product diffusion with influentials and imitators[J]. Marketing Science, 2007, 26(3): 400-421.

[229] Bitencourt L, Abud T, Santos R, et al. Bass diffusion model adaptation considering public policies to improve electric vehicle sales—a Brazilian case study[J]. Energies, 2021, 14(17): 5435.

[230] Davis F D. User acceptance of information technology: system characteristics, user perceptions and behavioral impacts[J]. International Journal of Man-machine Studies, 1993, 38(3): 475-487.

[231] Ragin, C. (1987), The Comparative Method. Moving Beyond Qualitative and Quantitative Strategies[M]. Berkeley, Los Angeles and London: University of California Press.

[232] Rihoux B, Marx A. QCA, 25 Years after "the comparative method" mapping, challenges, and innovations-mini-symposium[J]. Political Research Quarterly, 2013, 66(1): 167-235.

[233] 张驰, 郑晓杰, 王凤彬. 定性比较分析法在管理学构型研究中的应用: 述评与展望[J]. 外国经济与管理, 2017, 39(4): 68-83.

[234] Fiss P C. Building better causal theories: A fuzzy set approach to typologies in organization research[J]. Academy of Management Journal, 2011, 54(2): 393-420.

[235] 程聪, 贾良定. 我国企业跨国并购驱动机制研究——基于清晰集的定性比较分析[J]. 南开管理评论, 2016, 19(6): 113-121.

[236] Gonçalves H M, Lourenço T F, Silva G M. Green buying behavior and the theory of consumption values: A fuzzy-set approach[J]. Journal of Business Research, 2016, 69(4): 1484-1491.

[237] Yueh H P, Lu M H, Lin W. Employees' acceptance of mobile technology in a workplace: An empirical study using SEM and fsQCA[J]. Journal of Business Research, 2016, 69(6): 2318-2324.

[238] Rihoux，B., Ragin，C. C. Configurational Comparative Methods: Qualitative Comparative Analysis（QCA）and Related Techniques[M]. Sage, 2009.

[239] Ragin C C, Fiss P C. Net effects analysis versus configurational analysis: An empirical demonstration[J]. Redesigning Social Inquiry: Fuzzy Sets and Beyond, 2008, 240: 190-212.

[240] 杜运周, 贾良定. 组态视角与定性比较分析(QCA): 管理学研究的一条新道路[J]. 管理世界, 2017 (6): 155-167.

[241] Ragin C C. Redesigning Social Inquiry: Fuzzy Sets and Beyond[M]. University of Chicago Press, 2009.

[242] 江育恒, 赵文华. 美国研究型大学社会声誉的影响因素: 基于模糊集定性比较分析的解释[J]. 复旦教育论坛, 2018, 16(1): 98-105.

[243] Gefen D, Karahanna E, Straub D W. Trust and TAM in online shopping: An integrated model[J]. MIS Quarterly, 2003, 27(1): 51-90.

[244] Wang A, Liao W, Hein A P. Bigger, better, broader: A perspective on China's auto market in 2020[R]. Automotive and Assembly Practice, available online at http://c si. mckinsey. com/knowledge_by_region/asia/china/chinas_a uto_market_in_2020, accessed, 2012, 15(10): 2013.

[245] 胡耀辉. 传统技术体制锁定下新能源汽车产业综合治理体系研究 [J]. 安徽工业大学学报 (社会科学版), 2017 (02): 19-23.

附录 1　实验问卷

附录 2　第 4 章系统动力学模型的变量设置

附录 3　第 5 章系统动力学模型的变量设置

附录 4　第 6 章系统动力学模型的变量设置